평신도가 쓴 · 평신도를 위한

신약성경 Point 읽기

평신도가 쓴·평신도를 위한 신약성경 point 읽기 I

기록 연대순으로

초판 1쇄 발행 2023년 2월 17일

지은이 전희채
펴낸이 장길수
펴낸곳 지식과감성#
출판등록 제2012-000081호

교정 한장희
디자인 김찬휘
편집 김찬휘
검수 주경민, 정윤솔
마케팅 정연우

주소 서울시 금천구 벚꽃로298 대륭포스트타워6차 1212호
전화 070-4651-3730~4
팩스 070-4325-7006
이메일 ksbookup@naver.com
홈페이지 www.knsbookup.com

ISBN 979-11-392-0923-5(04230)
ISBN 979-11-392-0922-8(세트)
값 13,000원

지식과감성#
홈페이지 바로가기

평신도가 쓴 · 평신도를 위한

신약성경 Point 읽기

전희채 지음

기록 연대순으로

시리즈 I

지식과감성#

“기록 연대는 여러 학자들의 의견을 참고하였으나, 최종적으로는 《라이프 성경사전》(가스펠서브 기획·편집, 생명의 말씀사, 2020년 7월 1일 13쇄 발행)을 참고하였습니다.”

'신약성경 point 읽기'를 시작하며…

기독교를 믿든 믿지 않든 세상의 책 중에서 손에 가장 쉽게 잡히지 않는 책이 성경인 듯싶다.

무엇보다 재미없고 지루한 느낌의 책이라는 선입관이 있기도 하고 실제로 대하다 보면 그렇기도 하고….

사람들은 성경책 특히 신약성경을 펼 때 대체로 그 순서대로 읽는 것이 정도인 양하는 고정 관념을 가지고 있다. 때문에 늘 봐도 그게 그것인 듯한 느낌을 받고 펼치기도 전에 지루함을 먼저 느끼는 것 아닌가 한다.

나 또한 그런 생각이 고정되어 있어 이를 벗어날 여러 방법을 고민하다가, 성경에 구성된 순서가 아닌 각 권이 쓰인 연대순으로 시작해 보는 건 어떨까 하는 생각이 들었다.

시대상의 변화 및 그에 따른 교회의 변천사 그리고 사도들의 순차적 행적과 성경 상호간의 관련성 등을 보다 구체적으로 알 수 있겠다는 기대감이 성경에 대한 흥미를 다소 유발시켜 주지 않을까 해서다.

성경은 자신이 믿는 종교의 종류와 종교의 믿음 여부와는 무관하게 적어도 일생에 한 번은 읽어 볼 만한 충분한 가치가 있는 책 중의 책이라는 것은 누구나가 의식·무의식적으로 인지하고 있지 않을까?!

어느덧 훈풍의 계절이 도래했음에도 사라질 기미 없이 기승을 부리는 이 몹쓸 역병이 우리의 뒤춤을 더욱 굳게 끌어 잡고 홀로의 시간을 더 즐기라(?)는 아집을 부리고 있는 때에, 못 이기는 척 홀로 서재에 눌러앉아 그동안 다소 소홀했던 성경에 더욱 친숙해질까 보다….

- 2022년 03월 28일 월.

초록의 부활이 움트는 김포 모담산 숲길에서…

* * *

신약성경 각 권을 쓰인 연대순에 따라 읽으며, 한 권 한 권 끝나는 대로 기록으로 남기고자 한다….

장엄한 인류의 역사를 끝없이 이끌어 가는 성경이 언제나 바로 내 옆에 놓여 있다는 사실에 감사함은 말할 것도 없고 과거의 나와 오늘의 나 그리고 앞으로의 나, 더 나아가 궁극의 천상의 나에 대한 말할 수 없는 소망을 갖는다….

'Point' 에 대하여

성경은 하나님의 특별 계시라 한다.

곧 기적 등과 같은 초자연적 현상을 통해서가 아닌 하나님이 선택하신 인간으로 하여금 영감을 갖게 하여 기록하게 하심으로 인류와 세상, 우주에 대한 자신의 뜻과 의지를 나타내었기 때문이다.

성경이 이러하건대 하나님을 아는 지식이 충만하기 위해서는 깊은 기도와 묵상을 통하여 반드시 성경을 읽지 않으면 안 된다.

성경은 또한 하나님이 인간 한 사람 한 사람마다에 계시하여 주신 말할 수 없이 크고 독특한 은혜로서 인간 각자가 성경에 직접 접하지 않고는 자신에 대한 하나님의 뜻과 의지를 도저히 알 수가 없는 것이다.

곧 매주 교회에 나가 설교만 듣는다고 하나님의 뜻과 의지를 알 수 없을뿐더러, 그것이 하나님과 그리스도에 대한 믿음의 증표라 할 수 없다는 얘기다.

성경은 결코 쉬이 읽히는 책이 아닌 것은 성경을 접해 본 누구나가 알게 되는 일이다.

성경을 그나마 이해하기 위해서는 성경뿐 아니라 인류사적·세계사적인 폭넓은 지식이 긴요하기 때문이다. 지리·역사 등은 물론 특히 사상·철학 등의 인문학적, 자연과학적 공부가 함께 이루어질 필요가 있다는 것이다.

여기 'Point' 난을 통해 평생 성경을 깊고 넓게 연구해 온 사람들의 글을 소개하는 이유이다.

필자의 일천한 지식으로 더 많은 소개를 할 수 없어 만시지탄(晩時之歎)이 아닐 수 없다.

결국 독자들 각자가 지니고 있는 훨씬 더 훌륭한 지식을 폭넓게 활용하는 수밖에 없을 것이다.

목차

'신약성경 point 읽기3'

- 갈라디아서(GALATIANS)

'신약성경 point 읽기 4-1'

- 고린도전서(1CORINTHIANS) *십자가의 길(道)*(1:18~31)

'신약성경 point 읽기4-2'
- 고린도전서(1CORINTHIANS) *사랑*(13장)

'신약성경 point 읽기4-3'
- 고린도전서(1CORINTHIANS) *그리스도 예수의 부활1*(15장)

'신약성경 point 읽기4-4'
- 고린도전서(1CORINTHIANS) *그리스도 예수의 부활2*(15장)

'신약성경 point 읽기5'
- 고린도후서(2CORINTHIANS)

인물소개

'신약성경 point 읽기1'

- 데살로니가전서(1THESSALONIANS)

초록의 부활이 움트는 모담산 숲길 2022년 3월 29일 화요일

개요

성경은 구약성경 39권·신약성경 27권 총 66권으로 구성되어 있다.

신약성경 27권 중 13권이 사도 바울의 저서(서간)로 알려져 있다.

우리가 바울이 쓴 13권의 어느 서신을 읽더라도 반드시 염두에 두어야 할 대단히 중요한 사실이 있는 바, 그것은 이 모든 서신들이 예수의 죽음과 부활 사건이 있은 후(AD 32~35년) 불과 30여 년도 채 안 된 시기에 쓰였다는 것이다.

오늘날 우리가 생각하기에도 30여 년도 채 안 된 사건이라면 그 사건을 직접 보거나 소문으로 들은 자가 부지기수라는 것은 명약관화한 사실임을 볼 때, 예수의 죽음과 부활 당시 그 사건을 직간접으로 알고 있던 사람들 또한 상당수이었음을 추론할 수 있을 것이다.

아니, 추론이 아닌 성경 자신이 증언하는 사실만 보더라도 적어도 일천여 명의 사람들이 당시 그 사건의 진실을 알고 있었고(고린도전서 15:1~8), 오늘날 학자들의 연구에 따르면 당시에 최대 일만여 명 이상의 사람들이 예수의 죽음과 부활의 진실을 알고 있었다고 한다.

이러한 사실이 예수의 죽음과 부활이라는 진실의 유력한 증거 능력의 하나로 오늘날 인정받고 있다.

(이에 대한 보다 자세한 내용은 차후 고린도전서 15장, 소위 부활장에서 더 논의할 예정이다.)

데살로니가전서(이후 '살전')는 신약성경 중 가장 처음으로 그리고 바울 서신 중 가장 첫 번째로 쓰인 것이다.

데살로니가

에게해 북서쪽 터마 만(gulf)의 깊숙한 곳에 위치한 마케도니아의 주요 무역항이며 아름다운 해항으로 로마와 아시아를 연결하는 매우 중요한 도로인 '에그나티아 가도(Via Egnatia)'와 연결되는 교통의 요지였으며, 오늘날은 그리스의 수도 아덴(아테네) 다음가는 인구 200만의 제2의 도시다.

데살로니가전서(살전)

- 구성: 총 5장 89절
- 저자: 사도 바울
- 기록 장소: 고린도(현재의 그리스 남부 지역)
- 기록시기: AD 51년 경

데살로니가전서의 내용 구성

- 1:1~3:13 바울의 칭찬과 변호
- 4:1~5:28 신앙생활에 대한 장려

집필 동기·목적

바울은 일생 동안 3번의 선교 여행과 마지막 로마 여행, 모두 4번의 여행을 했다(AD 46~62년).

데살로니가 교회는 바울이 2차 선교 여행(AD 50~52)때 설립한 교회다.

그러나 유대인의 박해로 전도의 방해를 받아, 설립된 지 얼마 안 된 교회를 남겨 두고 그곳을 떠나 베뢰아, 아덴을 거쳐 고린도에 왔다.

하지만 고린도에서 데살로니가 교회 상황이 마음에 걸려 다시 한 번 가려 했으나 여의치 않고, 대신 제자인 디모데를 보냈다.

디모데는 데살로니가에 다녀와서, 그들이 많은 박해 중에도 아름다운 신앙을 지속하고 있음을 보고했다. 바울과의 친밀한 관계도 지속되고 있다는 소식을 들은 바울은 감사와 기쁨에 넘쳐 다시 그들을 격려하고, 또 반대자에 의한 바울에 대한 비난, 곡해를 바로 잡으려는 일(살전 2:3~6)과 기독교의 핵심 교리인 재림과 종말 시의 신자의 부활에 대한 질문의 응답도 본 서신의 집필 동기가 되었다.

성경 읽기

바울의 칭찬과 변호(1:1~3:13)

바울과 실루아노와 디모데는 (…) 데살로니가인의 교회에 편지하노니(1:1)

너희의 믿음의 역사와 사랑의 수고와 우리 주 예수 그리스도에 대한 소망의 인내를 (…) 쉬지 않고 기억함이니(1:3)

그러므로 너희가 마게도냐와 아가야 모든 믿는 자의 본이 되었는지라(1:7)

너희 아는 바와 같이 우리가 먼저 빌립보에서 고난과 능욕을 당하였으나 우리 하나님을 힘입어 많은 싸움 중에 하나님의 복음을 너희에게 말하였노라(2:2)

우리가 그리스도의 사도로 능히 존중할 터이나(혹 폐를 끼칠 터이나) 그러나 너희에게든지 다른 이에게든지 사람에게는 영광을 구치 아니하고(2:6)

오직 우리가 너희 가운데서 유순한 자 되어 유모가 자기 자녀를

기름과 같이 하였으니(2:7)

형제들아 우리의 수고와 애쓴 것을 너희가 기억하리니 너희 아무에게도 누를 끼치지 아니하려고 밤과 낮으로 일하면서 너희에게 하나님의 복음을 전파하였노라(2:9)

형제들아 우리가 잠시 너희를 떠난 것은 얼굴이요 마음은 아니니 너희 얼굴 보기를 열정으로 더욱 힘썼노라(2:17)

그러므로 나 바울은 한번 두번 너희에게 가고자 하였으나 사단이 우리를 막았도다(2:18)

우리 형제 곧 그리스도 복음의 하나님의 일군인 디모데를 보내노니 이는 너희를 굳게 하고 너희 믿음에 대하여 위로함으로(3:2)

누구든지 이 여러 환난 중에 요동치 않게 하려 함이라(…)(3:3)

지금은 디모데가 너희에게로부터 와서 너희 믿음과 사랑의 기쁜 소식을 우리에게 전하고 또 너희가 항상 우리를 잘 생각하여 우리가 너희를 간절히 보고자 함과 같이 너희도 우리를 간절히 보고자 한다 하니(3:6)

이러므로 형제들아 우리가 모든 궁핍과 환난 가운데서 너희 믿음

으로 말미암아 너희에게 위로를 받았노라(3:7)

그러므로 너희가 주 안에 굳게 선즉 우리가 이제는 살리라(3:8)

신앙생활에 대한 장려(4:1~5:24)

하나님이 우리를 부르심은 부정케 하심이 아니요 거룩케 하심이니(4:7)

또 너희에게 명한것 같이 종용하여 자기 일을 하고 너희 손으로 일하기를 힘쓰라(4:11)

주께서 호령과 천사장의 소리와 하나님의 나팔로 친히 하늘로 좇아 강림하시리니 그리스도 안에서 죽은 자들이 먼저 일어나고(4:16)

그 후에 우리 살아 남은 자도 저희와 함께 구름 속으로 끌어 올려 공중에서 주를 영접하게 하시리니 그리하여 우리가 항상 주와 함께 있으리라(4:17)

형제들아 때와 시기에 관하여는 너희에게 쓸 것이 없음은(5:1)

주의 날이 밤에 도적 같이 이를 줄을 너희 자신이 자세히 앎이라(5:2)

저희가 평안하다, 안전하다 할 그 때에 잉태된 여자에게 해산 고통이 이름과 같이 멸망이 홀연히 저희에게 이르리니 결단코 피하지 못하리라(5:3)

그러므로 우리는 다른 이들과 같이 자지 말고 오직 깨어 근신할찌라(5:6)

자는 자들은 밤에 자고 취하는 자들은 밤에 취하되(5:7)

우리는 낮에 속하였으니 근신하여 믿음과 사랑의 흉배를 붙이고 구원의 소망의 투구를 쓰자(5:8)

삼가 누가 누구에게든지 악으로 악을 갚지 말게 하고 오직 피차 대하든지 모든 사람을 대하든지 항상 선을 좇으라(5:15)

항상 기뻐하라(5:16)

쉬지 말고 기도하라(5:17)

범사에 감사하라 이는 그리스도 예수 안에서 너희를 향하신 하나님의 뜻이니라(5:18)

성령을 소멸치 말며(5:19)

예언을 멸시치 말고(5:20)

범사에 헤아려 좋은 것을 취하고(5:21)

악은 모든 모양이라도 버리라(5:22)

평강의 하나님이 친히 너희로 온전히 거룩하게 하시고 또 너희 온 영과 혼(혹 목숨)과 몸이 우리 주 예수 그리스도 강림하실 때에 흠없게 보전되기를 원하노라(5:23)

너희를 부르시는 이는 미쁘시니 그가 또한 이루시리라(5:24)

Point

우치무라 간조(내촌감삼) :
《내촌감삼전집 제6권》[1]

재림의 유무

그리스도는 재림하시지 않으신다고 말한다. 그러나 하시든, 안 하시든 그것은 논의의 문제가 아니다.

사실의 문제이다.

"조금 더 있으면 오실 이가 오실 것이다."(히브리서 10:37)

오신다, 오시지 않는다의 문제이다. 그때가 이르지 않으면 해결할 수 없는 문제이다….

신앙은 모험의 일종이다. 혹은 맞을지도 모르고, 맞지 않을지도 모른다.

"그러므로 주님이 오실 때까지는 아무것도 판단하지 말라"(고린도전서 4:5)이다. 미망인가, 비과학적인가, 비합리적인가의 판단은 그

---

1) 우치무라 간조(1861~1930), 《내촌감삼전집 제6권》, 크리스챤 서적, 2001.02.27. 초판 1쇄, 188p.

때까지 기다려야 한다.

하지만 화가 있으리라, 참으로 주가 오실 그때에는!

그때 그를 기다리지 않던 사람은 "암혈과 험악한 바위틈에 들어가서 여호와께서 일어나사 땅을 진동시키시는 그의 위엄과 그 광대하심의 영광을 피하리라."(이사야 2:21)

이와 반대로 그가 나타나기를 그리는 사람은 "의로운 해가 떠올라서 치료하는 광선을 발하리니 너희가 나가서 외양간에서 나온 송아지같이 뛰리라"(말라기 4:2)라고 한 것과 같은 것이다.

* * *

존 칼빈 :
《기독교 강요(중)》[2]

몸의 부활(4:16~17)

이사야는 이 신념에 고무되어 이렇게 부르짖는다. "주의 죽은 자들은 살아나고 그들(우리)의 시체들은 일어나리이다. 티끌에 누운 자들아, 너희는 깨어 노래하라."(이사야 26:19)

---

2) 존 칼빈(1509~1564), 《기독교 강요(중)》, 생명의 말씀사, 1997.08.25. 18쇄 발행, 596, 597p.

욥은 사람이라기보다 시체같이 되었으면서도 하나님의 권능을 믿고, 그날이 오면 자기가 완전한 사람으로서 일어날 것을 의심하지 않는다.

“내가 알기에는 나의 대속자(구속자)가 살아 계시니 마침내(후일에) 그가 땅 위에 서실 것이라. (즉, 그의 권능을 보이시려고) 내 가죽이 벗김을 당한 뒤에도(내 가죽이 썩은 후에도) 내가 육체 밖에서 하나님을 보리라. 내가 (친히) 그를 보리니 내 눈으로 그를 보기를 낯선 사람(외인)처럼 하지 않을 것이라.”(욥기 20:25~27)

* * *

구로자끼 고오기찌 : 《완역 신약성서주해 4권》[3]

재림의 문제(4:13~18)

이 기사는 오늘날 우리들의 지식과 사상에 비추어 볼 때 너무나 유치하고 공상적이어서 믿기 어려운 점이 많다.

그러나 우리는 하나님의 전능하심을 믿으므로 우리의 상식, 경험, 과학적 지식으로 이해하기 어렵다는 이유로 그러한 일이 일어날 수 없다고 단정할 수는 없다.

---

3) 구로자끼 고오기찌(1886~1970), 《완역 신약성서주해 4권》, 박문출판사, 1973.12.01., 212p.

주님의 재림은 그리스도의 구원과 그의 부활과 완전히 거룩한 새 하늘과 새 땅과 그 가운데에서 살 하나님의 백성에 대한 말씀이므로 그에 관한 확신을 가져야 한다.

곧 그리스도의 초림(初臨)의 예언이 분명한 형태로서가 아닌, 상상하기 어려운 여러 예언으로 전해졌던 것이지만, 결국 그리스도께서 오심으로 그 예언이 성취되었듯이, 그리스도의 재림(再臨) 또한 분명히 실현될 것임을 확신할 일이다.

- 2022년 03월 31일 목.

김포 작은 서재에서…

'신약성경 point 읽기2'

- 데살로니가후서(2THESSALONIANS)

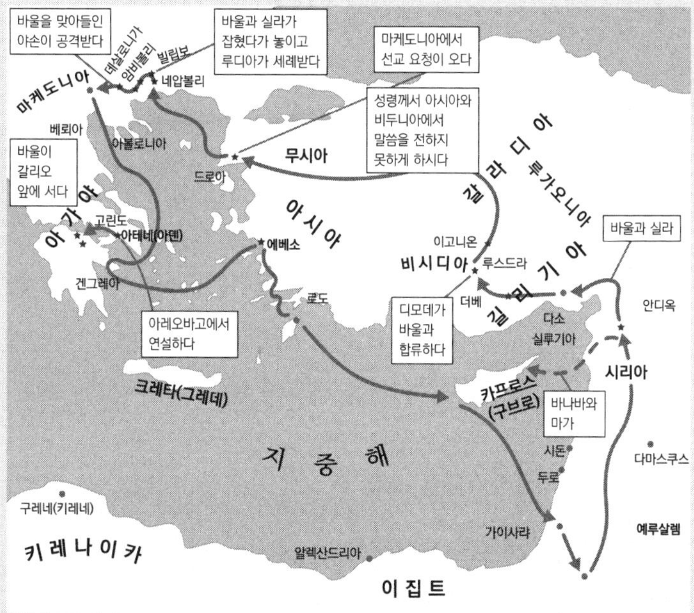

사도 바울의 제2차 선교 여행

따사한 봄의 소리-그 부활, 재림의 소리

불과 한 주 전만 해도 징조조차 없던 봄의 전령, 연분홍 진달래가 김포골의 한적한 모담산을 물들이고 있다.

바람 또한 진정 봄이라 일컬을 만한 따사함으로 온몸에 감싸 돌고….

생명의 움틈, 그 기지개!
만물이 부활하는 계절이다.

때맞춰 그리스도의 부활·재림의 성경인 데살로니가서에 잠시 눈을 돌려 본다.

개요

데살로니가후서(이후 '살후')는 신약성경 27권 중 두 번째로 그리고 바울에 의해 기록된 두 번째 서신이다.

이 서신은 예수의 죽음과 부활 사건 후 20년도 채 안 된 시기에 쓰였다.

데살로니가후서(살후)

- 구성: 총 3장 47절
- 저자: 사도 바울
- 기록 장소: 고린도(현재의 그리스 남부 지역)
- 기록 시기: AD 51년 말~52년 초

데살로니가후서의 배경과 무대

데살로니가는 사도 바울이 2차 선교 여행(AD 50~52년) 때 그리스 반도에서 빌립보 다음으로 설립한 유럽에서의 두 번째 교회가 있던 곳이다.

이곳은 동서양을 잇는 에그나티아 가도의 길목에 있어 일찍이 교통과 무역이 발달한 정치, 군사 도시로서 다민족이 섞여 살던 매우 화려하고 번창한 도시였다.

데살로니가후서의 내용 구성

- 1:1~2:17 바른 재림관
- 3:1~18 바른 생활관

집필 동기·목적

바울이 고린도에 머물면서 데살로니가 교회에 첫 번째 편지(데살로니가전서)를 보냈지만 교회 상황이 호전되지 않고, 그 서신으로 인한 오해마저 발생하자 이를 시정하기 위해 두 번째로 보낸 서신이다.

즉, 주의 날이 도둑같이 이루어질 것이라는 말은(살전 5:2~3) 오히려 재림이 임박할 것이라는 오해를 주었고, 이에 거짓 교사들이 준동하여 자신들이 하나님으로부터 계시를 받았다느니, 바울로부터 다른 편지를 받았다느니 하면서 혼란을 부채질하였다(2:1~2).

그래서 성도들 중에 일상생활을 포기하고 기도로 재림을 준비한다는 미명하에 어울려 다니며 불필요한 말들을 만들어 퍼뜨리며 무질서하고 무책임하게 생활하는 자들이 속출하였다.

이에 바울은 이전 서신(데살로니가전서)에 비해 더 단호한 어조로 재림과 종말관을 가르치며, 종말 시대를 살아가는 성도의 바른 생활 자세를 얘기한다(3:6~13).

균형 잡힌 신앙생활은 이런 균형 잡힌 일상생활과의 조화를 통해 이루어진다는 가르침을 주기 위해 본 서신을 집필했다.

성경 읽기

바른 재림관(1:1~2:17)

그리고 너희의 참는 모든 핍박과 환난 중에서 너희 인내와 믿음을 인하여(…)(1:4)

(…)너희로 하여금 하나님 나라에 합당한 자로 여기심을 얻게 하려 함이니 그 나라를 위하여 너희가 또한 고난을 받느니라(1:5)

너희로 환난 받게 하는 자들에게는 환난으로 갚으시고(1:6)

환난 받는 너희에게는 우리와 함께 안식으로 갚으시는 것이 하나님의 공의시니(…)(1:7)

형제들아 우리가 너희에게 구하는 것은 우리 주 예수 그리스도의 강림하심과(…)(2:1)

혹 영으로나 혹 말로나 혹 우리에게서 받았다 하는 편지로나 주의 날이 이르렀다고 쉬 동심하거나 두려워하거나 하지 아니할 그것이라(2:2)

누가 아무렇게 하여도 너희가 미혹하지 말라 먼저 배도하는 일이 있고 저 불법의 사람 곧 멸망의 아들이 나타나기 전에는 이르지 아니하리니(2:3)

저는 대적하는 자라 범사에 일컫는 하나님이나 숭배함을 받는 자 위에 뛰어나 자존하여 하나님 성전에 앉아 자기를 보여 하나님이라 하느니라(2:4)

저로 하여금 저의 때에 나타나게 하려 하여 막는 것을 지금도 너희가 아나니(2:6)

불법의 비밀이 이미 활동하였으나 지금 막는 자가 있어 그 중에서 옮길 때까지 하리라(2:7)

그 때에 불법한 자가 나타나리니 주 예수께서 그 입의 기운으로 저를 죽이시고 강림하여 나타나심으로 폐하시리라(2:8)

바른 생활관(3:1~18)

형제들아 우리 주 예수 그리스도의 이름으로 너희를 명하노니 규모 없이 행하고 우리에게 받은 유전대로 행하지 아니하는 모든 형제에게서 떠나라(3:6)

어떻게 우리를 본받아야 할 것을 너희가 스스로 아나니 우리가 너희 가운데서 규모 없이 행하지 아니하며(3:7)

누구에게서든지 양식을 값없이 먹지 않고 오직 수고하고 애써 주야로 일함은 너희 아무에게도 누를 끼치지 아니하려 함이니(3:8)

우리가 너희와 함께 있을 때에도 너희에게 명하기를 누구든지 일하기 싫어하거든 먹지도 말게 하라 하였더니(3:10)

우리가 들은즉 너희 가운데 규모 없이 행하여 도무지 일하지 아니하고 일만 만드는 자들이 있다 하니(3:11)

이런 자들에게 우리가 명하고 주 예수 그리스도 안에서 권하기를 종용히 일하여 자기 양식을 먹으라 하노라(3:12)

Point

우치무라 간조(내촌감삼) :
《내촌감삼 성서주해 전집 제13권》[4]

(2:1~12)
계시록(묵시록)은 요한의 계시록이고, 데살로니가 서간은 바울의 계시록이다.

신약성경에 두개의 계시록이 있어서, 바울의 계시록을 소(小)계시록이라 하고, 요한의 그것을 대(大)계시록이라 칭할 수 있을 것이다.

재림의 예언 징조
배교(2:3)는 불신자가 하는 일 아니다. 신자가 하는 일이다. 이 신자가 본래의 불신자의 생애로 돌아가는 일이다.

배교자가 속출하여 암흑이 세상을 덮기에 이르러, 광명의 주께서 나타나시리라는 것이다.

---

4) 내촌감삼(1861~1930), 《내촌감삼 성서주해 전집 제13권》, 혜문사, 1981.12.30. 제4판 발행, 325~336p.

죄를 그 가장 은밀한 형태로 행하고, 도덕과 종교를 무시하며, 자기를 하나님의 지위에 두는 자, 그 자가 죄의 사람 또는 불법의 사람(2:3)이다.

사랑의 화신化身이 있듯이 죄의 화신이 있다. 죄가 사람의 모습으로 나타난 자이다.

죄의 사람이란, 선을 악이라 믿고 악을 선으로 아는 자이다.

예언자 이사야가 말한,
"화 있을진저, 그들은 악을 불러 선이라 하고, 선을 불러 악이라 하며, 어두움을 빛으로 삼고 빛을 어두움으로 삼는 자여"(이사야 5:20)라는 말에 부합하는 자이다.

'자기를 높이는 자'(2:4)는 자기 중심자이다. 자기 숭배론자이다. 자기, 자기, 자기, 자기를 존중하며, 자기를 확장하고, 자기를 오로지(완전)한다.

하지만, 그리스도의 가르치심으로 볼 때, 이것은 죄의 절정 그 극치이다.

그리스도는 가르쳐 말씀하셨다.
"나를 따르려는 자는 자기를 버리고 십자가를 지고 나를 따르라…"(마태복음 5:24~25)라고.

그리스도 재림의 예언은 세상 종말을 말하는 실망의 소식이 아니다. 날마다 깊어지는 세상의 암흑에 처하여 희망을 잃지 않기 위한 하나님의 계시이다.

무신론(無神論)이 주저하는 일 없이 다 같이 외쳐지고, 도덕이 조소되고, 인륜은 무시되며, 가치는 전도하여 옛날의 악이 지금의 선으로서 찬미(讚美)되는 때에, 우리는 놀라고 또 낭패해서는 안 된다.

이것은 때의 징조(표징)이다. 이 일이 있고 최대의 광명은 임하려 하고 있는 것이다.

이 세상의 만사는 성경이 보여 주는 대로 진행하고 있는 것이다.

여명이 가까운 까닭에 암흑은 더욱 더 심한 것이다.
다만 잠시의 인내이다.

* * *

존 칼빈 :

《기독교 강요(중, 하)》[5)]

내세에 대한 열망(1:6~8)[6)]

우리는 바울을 본받아 전투 중에도 개가(凱歌)를 불러야 한다. 우리에게 내세를 약속하신 분은 우리가 맡긴 것을 지켜 주실 수 있기 때문이다(딤후 1:12).

의의 면류관이 우리를 위하여 예비되었고, 의로우신 심판장이 우리에게 그것을 주실 것이므로, 우리는 기뻐해야 한다(딤후 4:8).

곧 우리가 당하는 모든 고통은 우리에게 미리 내세를 보여 주는 것이다.

그리스도께서 그의 권능의 천사들과 함께 불꽃 가운데 나타나실 때에, 우리를 핍박하는 자들에게 고통으로 갚으시며, 부당한 핍박을 받는 우리에게 안식으로 갚아 주시는 것은 하나님의 본성에 합당한 처사이기 때문이다.

이것은 참으로 우리의 유일한 위안이다.

---

5) 존 칼빈(1509~1564), 《기독교 강요(중, 하)》, 생명의 말씀사, 1997.8.25. 18쇄 발행, 중 597p., 하 202, 203p.

6) 중 597p.

이 위안을 빼앗긴다면 우리는 절망 상태에 빠지거나 이 세상의 허망한 위안에 사로잡혀 멸망할 것이다.

목자들의 변절(2:1~12)[7)]

"그러나 백성 가운데 또한 거짓 선지자들이 일어났나니 이와 같이 너희 중에도 거짓 선생들이 있으리라 그들은 멸망하게 할 이단을 가만히 끌어들여 자기들을 사신 주(主, 또는 상전)를 부인하고 임박한 멸망을 스스로 취하는 자들이라"(베드로후서 2:1)라고 베드로는 분명히 말했다.

일반 사람들이 아니라 교사와 목자의 칭호를 자랑하는 자들에게서 위험이 오리라고 베드로는 예언한 것이다.

참으로 바울은 적그리스도가 바로 하나님의 성전 안에 앉으리라고 분명하게 가르친다(2:4).

바울이 말하려고 하는 것은, 거기서 말하는 무서운 재난은 다른 데서 오는 것이 아니라 교회 안에 목자로서 앉아 있는 자들에게서 오리라는 것이었다.

* * *

7) 하 202, 203p.

성 아우구스티누스 :
《하나님의 도성》[8]

적그리스도(2:1~12)

이것이 적그리스도와 심판의 날에 대한 말씀인 것은 아무도 의심할 수 없다. 심판의 날을 사도 바울은 여기서 '주의 날'이라고 부른다(2:2).

그러나 불경건한 자들이 어떤 성전에 앉아 있으리라는 것인지(2:4) 확실치 않다. 어느 우상이나 귀신의 전을 사도가 하나님의 성전이라고 부를 리가 없다. 그래서 어떤 사람들은 이 구절에서 적그리스도는 군주만이 아니고 그를 따르는 집단과 군주를 함께 의미한다고 생각한다.

또 우리는 그리스 원문을 더 정확하게 번역해서 "하나님 성전에 앉아"(2:4)라고 할 것이 아니라, "하나님 성전으로 앉아서" 즉 자기가 하나님의 교회인 것처럼 앉아서라고 해야 된다고 그들은 생각한다.

사도는 서슴지 않고 계속해서 "이러므로 하나님이 유혹을 저희 가운데 역사하게 하사 거짓 것을 믿게 하신다"라고 한다(2:11).

---

8) 성 아우구스티누스(354~430), 《하나님의 도성》, 크리스챤 다이제스트, 2000.05.15. 중판 발행, 992, 994p.

역사하는 것은 마귀가 자기의 불의하고 악한 목적을 추구해서 하는 일이지만, 그것을 허락하시는 것은 하나님의 공의로운 심판으로 하시는 일이기 때문에 하나님이 역사하게 하신다고 한다.

그리고 그것은 "진리를 믿지 않고 불의를 좋아하는 모든 자로 심판을 받게 하려 하심이라"라고 한다(2:12).

그러므로 그들은 심판을 받아 유혹을 받을 것이며, 유혹을 받아 심판을 받을 것이다…. 이 심판들은 이성적 피조물들의 처음 죄가 있은 이후로 그친 일이 없다…. 그리스도는 가장 공정하지 못한 심판을 받았으나, 자신은 가장 공정한 심판을 하실 것이다.

* * *

구로자끼 고오기찌 :
《완역 신약성서주해 4권》[9)]

적그리스도(2:1~12)

바울의 생각은 아마 아래와 같을 것이다.

곧 하나님의 반대자가 사탄인 것과 같이 그리스도의 반대자가 적그리스도며, 마지막에 그리스도가 승리할 때 적그리스도를 멸망시

9) 구로자끼 고오기찌(1886~1970), 《완역 신약성서주해 4권》, 박문출판사, 1973.12.01., 234p.

키지만, 적그리스도는 아마 어떤 인격적인 것으로 나타날 것이다.

그리스도의 복음의 비밀이 오늘날 이미 이 세상에서 역사하고 있는 것 같이 '불법의 비밀'도 이미 역사하고 있지만, 그 정점에 이르러 하나의 인격으로 화신(化身)하기까지 불법은 그 완전한 모습으로 나타나지 않는다.

그 이유는 그것이 나타나는 것을 '막는 자'가 있기 때문이며, 이 '막는 자'가 사라질 때면 불법은 인격화하여 적그리스도로 나타난다.

이 '막는 자'가 무엇인지는 구체적으로 표현할 수 없으나, 하나님의 경륜으로 해석할 것이다.

하나님께서는 적당한 때 그 손을 늦추어 적그리스도를 풀어 놓고 그리스도로 하여금 이를 멸망케 하신다. 어느 때에 그리 행하실지는 오직 하나님의 경륜에 있을 뿐이다.

- 2022년 04월 07일 수.
김포 작은 서재에서…

'신약성경 point 읽기3'

- 갈라디아서(GALATIANS)

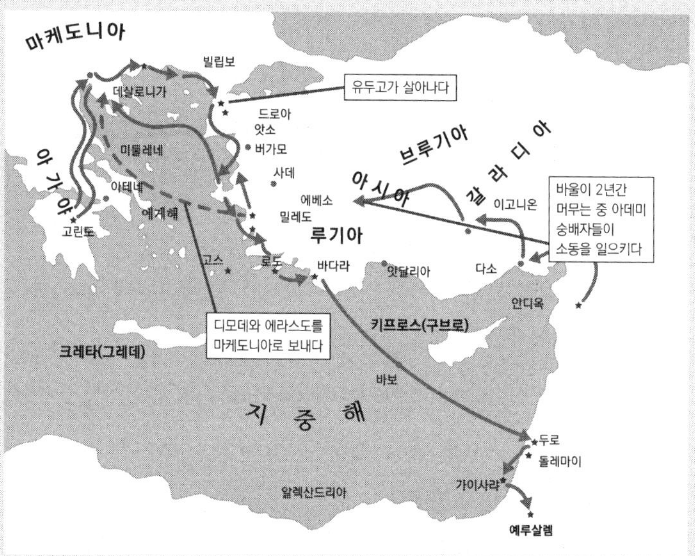

사도 바울의 제3차 선교 여행

성경의 진리가 꽃길과 함께…

봄이 그 절정을 향해 한 발 한 발 다가가고 있다.

바람이 다소 불어 대긴 하나 그 입김이 그리 매섭지는 않다. 이미 그 최미(最美)에 다다른 화려한 벚꽃에 이어 여기저기 진달래의 소담스런 자태가 제법 흐드러진다.

여행하기 마땅한 계절이다.

허나 2천 년 전 바울의 선교 여행은 오늘날과 같은 꽃길 여행이 아니었다. 그것은 죽음을 향해 가는 험난하기 이를 데 없는 고난으로 중첩된 십자가의 길이었다.
마치 예수의 마지막 예루살렘으로의 여행과 같이….

박해와 방해를 받아 쫓기고, 돌로 몽둥이로 수없이 맞으며, 감옥에 갇히고, 태풍에 난파되어 깊고 짙푸른 바다를 하염없이 표류하고, 기갈에 허덕이며, 잠은커녕 제대로 휴식조차 취하지 못한 채 셀 수 없는 나날들을 고통 속에서 지낸 그런 여행이었다.

그럼에도 바울의 일상은 항상 기쁨과 감사함으로 열정 넘치는 삶의 연속이었으며(빌립보 4:4)*(살전 5:16), 그 같은 그의 복음 선교를 위한 목숨 건 길은 오히려 그에게 영원의 생명을 부여하는 환희와 영광의 길이었다.

부활 주간(週間)이란다.

단 한 번으로 끝나는 부활이 아닌 날마다의 부활이 오늘날 우리네 일상 삶에 요긴한 시대이다. 바울이 그의 전 생애에 걸쳐 유지했던 기쁨과 감사의 역동적, 부활적 삶의 방식이 그러했듯이!

이제 성경의 진리가 그를 통해 꽃길과 함께 저 가슴 밑바닥 깊은 곳으로부터 조금씩 조금씩 차오르는 느낌이다….

개요

갈라디아서는 신약성경 27권 중 세 번째로 그리고 바울 서신 중 세 번째로 기록된 서신이다.

갈라디아서

- 구성: 총 6장 149절
- 저자: 사도 바울
- 기록 장소: 3차 선교 여행 도중 에베소 혹은 마케도니아 지방
- 기록 시기: AD 53년 말~56년 초

갈라디아서의 배경과 무대

본 서신은 갈라디아 지방 사람들에게 보낸 서신이다.

갈라디아 지방은 바울이 1차 선교 여행 때(AD 46~48년) 복음을 전파한 곳이다. 주요 도시들로는 비시디아 안디옥, 이고니온, 루스드라, 더베 등이 있다.

이 갈라디아는 유럽의 갈리아 족(Gaul)이 기원전 230년경, 지금의 소아시아 즉 튀르키예 본국의 중부에 이주함으로써 붙여진 이름이며, 일찍부터 유대인들이 이주하여 자리를 잡고 있던 곳이기도 했다.

갈라디아서의 내용 구성

- 1:1~2:21 바울의 자기변명
- 3:1~5:12 복음의 기본적 진리
- 5:13~6:18 기독교 도덕

집필 동기·목적

기독교의 진리-특히 원시 기독교의 진리를 간단명료하게 전한 것이 본 갈라디아서의 특색이다.

처음 바울을 환영한 갈라디아인은 일단 바울의 전도를 받아들였으나 곧바로, 율법주의를 주창하는 유대적 그리스도인(개종한 유대인)들이 들어와, 그리스도를 믿어도 할례를 받고 율법을 준수하지 않으면 구원을 받지 못한다고 하는 데에 동요된 바, 바울은 이것이 그리스도의 십자가의 복음을 근저에서 뒤집는 그릇된 것임을 가르치려고 했다.

바울은 이것을 '다른 복음'이라고 비판하고, 그 잘못된 것을 바로잡아 바른 복음의 이해를 주기 위해 이 편지를 썼다.

사태의 중대성을 통감한 나머지 바울은 격한 어조를 사용하고, 루터가 평한 대로 '화염'을 토하고 있다.

갈라디아서와 로마서

로마서의 내용이 갈라디아서의 내용보다 논리적이고 상세하다. 왜냐하면 바울이 로마서를 쓸 때는 갈라디아서를 쓸 때와 같은 근심과 압박을 느끼지 않았기 때문이다.

당시의 갈라디아 교인들은 그들이 최초로 받아들인 복음 대신에, 그 지방에 침입한 율법주의 거짓 교사(유대적 그리스도인 등)들로부터 진리에서 벗어난 다른 복음을 받아들이도록 설득당하던 중이었다.

갈라디아서에서 바울은 모든 인간은 율법을 지킴으로써가 아니라, 그리스도를 믿음으로써 하나님 보시기에 의롭다함을 얻을 것이요, 이 '의'는 행위의 공로로서가 아니라 은혜의 선물로서 하나님께서 주시는 것이라고 주장하였다.

로마서에서는 좀 더 넓게 이 가르침을 전개하고 있으며, 근본적으로 중요한 요지는 갈라디아서의 내용과 동일하다.

바울은 자신의 전도 영역인 갈라디아 지방에 침입해 온 유대교인들과의 논쟁에서 이 교리를 무기로 삼았다.

그 후 이 내용을 더욱 엄격히 강조한 복음을 체계적으로 설명하여 로마로 보내어(로마서) 재론의 여지가 없도록 하였다.

이 교리는 바울의 회심과 절대적 관계가 있다.

그는 이 교리로 인해 율법의 불합리성에 눈을 떴고, 이 후로 지금까지 하나님께서 받아 주신다는 믿음을 바탕으로 헌신해 왔다.

곧 그는 "내가 하나님의 교회를 핍박하였으므로"(고전 15:9)라고 스스로 고백한 바와 같이 하나님께 예배드릴 자격조차 없는 죄인이었으나 자신의 죄를 씻어 주시고 예배할 수 있도록 불러 주신 하나님의 은총을 깨달아 하나님께서 자신을 받아 주심을 확인한 것이었다.

그래서 로마인들에게 자신을 소개할 때 그리스도로 말미암아 "은총과 사도의 직분을 받아 그 이름을 위하여 모든 나라 중에서 믿어 순종케 하려는 자"(롬 1:5)라 할 수 있었다.[10)]

10) F.F.브루스, 《바울신학》, 기독교문서선교회, 1999.07.31., 346, 347p

성경 읽기

바울의 자기변명(1:1~2:21)

사람들에게서 난 것도 아니요 사람으로 말미암은 것도 아니요 오직 예수 그리스도와 및 죽은 자 가운데서 그리스도를 살리신 하나님 아버지로 말미암아 사도된 바울은(1:1)

그리스도의 은혜로 너희를 부르신 이를 이같이 속히 떠나 다른 복음 좇는 것을 내가 이상히 여기노라(1:6)

다른 복음은 없나니 다만 어떤 사람들이 너희를 요란케 하여 그리스도의 복음을 변하려 함이라(1:7)

(…)내가 너희에게 알게 하노니 내가 전한 복음이 사람의 뜻을 따라 된 것이 아니라(1:11)

이는 내가 사람에게서 받은 것도 아니요 배운 것도 아니요 오직 예수 그리스도의 계시로 말미암은 것이라(1:12)

베드로에게 역사하사 그를 할례자의 사도로 삼으신 이가 또한 내게 역사하사 나를 이방인에게 사도로 삼으셨느니라(2:8)

게바가 안디옥에 이르렀을 때에 책망할 일이 있기로 내가 저를 면책하였노라(2:11)

야고보에게서 온 어떤이들이 이르기 전에 게바가 이방인과 함께 먹다가 저희가 오매 그가 할례자들을 두려워하여 떠나 물러가매(2:12)

남은 유대인들도 저와 같이 외식(外飾, 겉만 보기 좋게 꾸미어 드러냄)하므로 바나바도 저희의 외식에 유혹되었느니라(2:13)

그러므로 나는 저희가 복음의 진리를 따라 바로 행하지 아니함을 보고 모든 자 앞에서 게바에게 이르되 네가 유대인으로서 이방을 좇고 유대인답게 살지 아니하면서 어찌하여 억지로 이방인을 유대인답게 살게 하려느냐 하였노라(2:14)

사람이 의롭게 되는 것은 율법의 행위에서 난 것이 아니요 오직 예수 그리스도를 믿음으로 말미암는줄 아는고로 우리도 그리스도 예수를 믿나니 이는 우리가 율법의 행위에서 아니고 그리스도를 믿음으로서 의롭다 함을 얻으려 함이라 율법의 행위로서는 의롭다 함을 얻을 육체가 없느니라(2:16)

내가 그리스도와 함께 십자가에 못 박혔나니 그런즉 이제는 내가 산 것이 아니요 오직 내 안에 그리스도께서 사신 것이라 이제 내가

육체 가운데 사는 것은 (…) 하나님의 아들을 믿는 믿음 안에서 사는 것이라(2:20)

복음의 기본적 진리(3:1~5:12)

어리석도다 갈라디아 사람들아 예수 그리스도께서 십자가에 못 박히신 것이 너희 눈앞에 밝히 보이거늘 누가 너희를 꾀더냐(3:1)

(…)너희가 성령을 받은 것은 율법의 행위로냐 듣고 믿음으로냐(3:2)

아브라함이 하나님을 믿으매 이것을 그에게 의로 정하셨다 함과 같으니라(3:6)

또 하나님 앞에서 아무나 율법으로 말미암아 의롭게 되지 못할 것이 분명하니 이는 의인이 믿음으로 살리라 하였음이니라(3:11)

그런즉 율법은 무엇이냐 범법함을 인하여 더한 것이라 천사들로 말미암아 중보의 손을 빌어 베푸신 것인데 약속하신 자손이 오시기까지 있을 것이라(3:19)

믿음이 오기 전에 우리가 율법 아래 매인바 되고 계시될 믿음의 때까지 갇혔느니라(3:23)

너희가 다 믿음으로 말미암아 그리스도 예수 안에서 하나님의 아들이 되었으니(3:26)

누구든지 그리스도와 합하여 세례를 받은 자는 그리스도로 옷입었느니라(3:27)

나의 자녀들아 너희 속에 그리스도의 형상이 이루기까지 다시 너희를 위하여 해산하는 수고를 하노니(4:19)

기독교 도덕(5:3~6:18)

그리스도께서 우리로 자유케 하려고 자유를 주셨으니 그러므로 굳세게 서서 다시는 종의 멍에를 메지 말라(5:1)

그리스도 예수 안에서는 할례나 무할례가 효력이 없되 사랑으로써 역사하는 믿음 뿐이니라(5:6)

형제들아 너희가 자유를 위하여 부르심을 입었으나 그러나 그 자유로 육체의 기회를 삼지 말고 오직 사랑으로 서로 종노릇하라(5:13)

내가 이르노니 너희는 성령을 좇아 행하라 그리하면 육체의 욕심을 이루지 아니하리라(5:16)

육체의 소욕은 성령을 거스리고 성령의 소욕은 육체를 거스리나니 이 둘이 서로 대적함으로 너희의 원하는 것을 하지 못하게 하려 함이니라(5:17)

오직 성령의 열매는 사랑과 희락과 화평과 오래 참음과 자비와 양선과 충성과(5:22) 온유와 절제니 이같은 것을 금지할 법이 없느니라(5:23)

그리스도 예수의 사람들은 육체와 함께 그 정(情)과 욕심을 십자가에 못 박았느니라(5:24)

자기의 육체를 위하여 심는 자는 육체로부터 썩어진 것을 거두고 성령을 위하여 심는 자는 성령으로부터 영생을 거두리라(6:8)

그러나 내게는 우리 주 예수 그리스도의 십자가 외에 결코 자랑할 것이 없으니 그리스도로 말미암아 세상이 나를 대하여 십자가에 못 박히고 내가 또한 세상을 대하여 그러하니라(6:14)

할례나 무할례가 아무 것도 아니로되 오직 새로 지으심을 받은 자 뿐이니라(6:15)

이 후로는 누구든지 나를 괴롭게 말라 내가 내 몸에 예수의 흔적을 가졌노라(6:17)

Point

마르틴 루터 :
《마르틴 루터, 갈라디아서》[11]

서문에서[12]

땅은 스스로 비를 일으키거나 만들 수 없고 오직 위로부터 임하는 하나님의 순전한 은혜로 비를 받아들인다. 이처럼 하늘의 의(義)도 우리가 그 의를 일으키지 않아도 또는 그 의에 합당한 것이 없어도 하나님께서 우리에게 은혜로 주시는 것이다.

그러므로 결실을 맺기 위해 소낙비를 내리도록 하는 데 있어 땅 자체가 할 수 있는 일은 없다. 마찬가지로 우리도 하늘의 영원한 의를 얻기 위해 우리 자신의 힘과 행위로 할 수 있는 일은 아무것도 없다.

하나님께서 형언할 수 없는 선물로 우리에게 주시고 우리 안에 심으시기 전에는, 우리는 결코 영원한 의를 얻을 수 없다.

---

11) 마르틴 루터, 《마르틴 루터, 갈라디아서》, 도서출판 복있는사람, 2019.07.26. 초판 1쇄, 19, 21, 22, 26, 127, 526, 538p.

12) 19, 21, 22, 26p.

율법의 의는 땅의 세계에 속해 있고 땅의 일과 관련되어 있다.

먼저 위로부터 비가 내리고 비옥해져야 땅이 열매를 맺을 수 있는 것처럼, 율법의 의로 말미암아 아무리 많은 선을 행한다고 할지라도 우리는 아무것도 이루지 못한다.

우리의 공로나 행위가 없이 그리스도인의 의로 의롭다 함을 얻지 않으면 결코 율법을 이루지 못한다.

그리스도인의 의는 하늘에 속해 있고 하늘로부터 받는다. 우리 자신의 힘으로 갖는 것이 아니다.

그러면 그리스도인의 의를 얻기 위해 우리가 할 일은 아무것도 없는가? 물론 아무것도 없다.

그리스도가 우리의 대제사장으로서 은혜로 우리를 위해 간구하시고, 우리 위에서 그리고 우리 안에서 다스린다는 사실을 알고 그저 믿는 것이다.

바울은 갈라디아 사람들 속에서 이 믿음의 의를 어지럽힌 거짓 선생들을 결사적으로 반대하는 한편, 사도로서의 자신의 권위와 직분을 변호하고 주장한다.

해설의 글에서[13]

마르틴 루터는 갈라디아서를 특별히 사랑했다.

그가 제자 및 친구들과 나눈 《탁상담화Table Talk》를 보면, 루터는 갈라디아서를 자기 아내의 애칭을 따서 "나의 케티 폰 보라"라고 부르기도 했다.

야로슬라프 펠리칸Jaroslav Pelikan은 루터의 '갈라디아서(주석)'를 직접 번역하며 쓴 서문에서, 이 책을 기독교인의 '자유의 대헌장Magna Carta'이라고 천명했다.

이 책은 그리스도인의 독립 선언과 같기 때문이다.

루터는 이 책에서 그리스도인은 하나님과 예수 그리스도 외에 그 어떤 것으로부터도 자유로우며, 특히 율법으로부터 자유롭다는 사실을 강력하게 주장한다.

바울이 게바(베드로)를 책망(2:11~14)[14]

갈라디아서 2장에서 언급된 문제에서, 베드로는 단순히 잘못된 길을 간 정도가 아니라 큰 죄를 저질렀다.

13) 538p.

14) 127p.

바울이 베드로를 책망하지 않았더라면, 믿는 모든 이방인이 할례를 받고 율법을 지키는 일이 벌어졌을 것이다. 또한 믿는 유대인도 율법의 행위가 구원의 필수 요소라는 자기들의 견해가 옳다고 확신했을 것이다.

곧 그들은 복음이 아니라 율법으로, 그리스도가 아니라 모세로 되돌아갔을 것이다. 베드로의 죄가 지적받지 않고 그냥 넘어갔다면, 사람들은 이처럼 두려운 죄를 쉽게 저질렀을 것이다.

바울은 요컨대 이렇게 말한다. "베드로가 잘못했을 때 내가 그를 책망한 것은 단순히 야심이나 다른 세속적 감정으로 그를 욕한 것이 아니다. 공개적으로 정직하게 그를 책망한 것이다."

내 몸에 예수의 흔적(stigma: 낙인)(6:17)[15]

바울은 자신의 몸에 갖고 있던 상처와 고난을 여기서 '흔적'이라 부른다. 또 영의 고뇌와 두려움을 마귀의 불같은 화살로 부른다.

바울은 이 고난을 사도행전 도처에서 언급한다. 또 고린도전서 4:9, 11~13, 고린도후서 6:4~5 등에서 언급한다.

"오직 모든 일에 하나님의 일꾼으로 자천하여 많이 견디는 것과

15) 526p.

환난과 궁핍과 곤난과 매 맞음과 갇힘과 요란한 것과 수고로움과 자지 못함과 먹지 못함과….”

이 고난이 바로 바울이 이 본문(6:17)에서 말하는 참된 흔적과 표지다. 이 고난은 참된 교훈과 믿음의 보증이자 확실한 표징이다.

저자 주(註)

‘감리교의 아버지(창시자)’라 불리는 영국의 존 웨슬리John Wesley(1703~1791)의 동생이자 그와 더불어 감리교 운동에 주도적인 역할을 감당하며 수많은 찬송가를 작사한 영국의 신학자인 찰스 웨슬리Charles Wesley(1707~1788)는 믿음으로 구원을 얻는다는 이 루터의 갈라디아서 주석을 읽고 기도하던 중 그의 영혼 속에서 하나님의 구원의 역사가 일어남을 경험하였다.

* * *

우치무라 간조(내촌감삼) :
《내촌감삼 성서주해 전집 제12권》[16]

율법이냐, 신앙(믿음)이냐[17]

이것이 본서의 주제이다.

바울은 여기서 참 자유를 가져다주는 복음의 근본의(義)를 말하고 있다. 이러한 상황 아래 기록된 편지이기 때문에 전투적인 것이 특징이다.

갈라디아서를 통하여 울려 퍼지는 소리는 '자유'이다[18]

그 첫째로 논하는 바는 '자유의 전도자'이다. 바울은 사람에 의해 임명된 사도가 아니다. 사람에게서 온 것이 아니고 또 사람을 통하여 온 것도 아니다. 예수 그리스도와 그를 죽음에서 다시 살리신 아버지 하나님에 의해 세워진 자인 것이다(1:1).

따라서 그는 그가 말하는 복음을 사람에게서 받은 것이 아니다. 또 사람에게서 배운 것도 아니다. 다만 예수 그리스도의 계시(묵시)에 의해 복음을 받은 것이다(1:12).

전도의 사명을 받는 데 있어서 사람에게 아무 힘입은 바 없다는

---

16) 내촌감삼, 《내촌감삼 성서주해 전집 제12권》, 혜문사, 1981.12.30. 제4판 발행, 279, 280, 281, 284, 318, 319, 321p.

17) 284p.

18) 279, 280, 281p.

그 의미에 있어서 '자유'인 것이다.

복음 전파에 관하여서는 나는 하나님께 대해서만 직접의 책임을 가지고, 사람에 대해서는 아무 책임도 짊어진 자가 아닌 자유의 전도자인 것이다.

둘째로 말하는 바는 '자유의 복음'이다.

율법과 그 행위에서 전혀 떠난 복음이다. 즉 의식(정해진 방식에 따라 치르는 행사)의 필요가 없고 선한 행위의 필요가 없는, 다만 하나님의 은혜만 의지하는 복음이다.

그리스도 예수 안에서는 오직 사랑에 의한 믿음만이 유익 있는 것이다(5:6).

그리스도의 복음에 사랑 외에 아무 속박도 없다. 자유의 복음이라고 하는 것은 사랑의 자유의 복음이라는 것이다.

사랑은 최대의 자유이다. 그리고 신앙(믿음)은, 하나님의 사랑에 대한 사람의 응답이다. 이 사랑의 응답 즉 신앙(믿음)이 있을 때, 사람은 하나님께 구원되는 것이다(5:1, 5:6).

셋째로 주창하는 바는 '자유의 생애'이다.

"예수 그리스도 우리들을 해방하여 자유를 얻게 하셨다"(5:1)라고.

그리고 그는 그 영을 우리에게 주시어 우리를 자유롭게 하신 것이다. 단지 해방의 자유는 아니다. 새 삶의 자유이다.

명령에 따라 살아가는 생애 대신, 사랑에 격려되어 살아가는 생애를 주신 것이다. 이것이 진정한 자유의 생애이다.

우리가 그리스도를 우리들의 마음에 영접하고 더 나아가 그를 내 자아로 하고, 내가 죽고, 그가 나를 대신하여 내 안에서 살기에 이르러(2:20), 사랑과 희락과 화평과 오래 참음과 자비와 양선과 충성과 온유와 절제와 같은 성령의 맺는바 열매가 절로 내게 있어서 나타나기에 이르는 것이다(5:22~23).

자유의 전도와, 자유의 복음, 여기에 자유의 생애, 이것이 사도 바울의 갈라디아서이다. 그리하여 이 글을 일컬어 기독교인의 자유의 대헌장(Magna Carta)이라고 한다.

내 몸에 예수의 흔적(stigma: 낙인)(6:17)[19)]

이 말은 바울 자신이 예수의 노예라고 한 것과 같은 것이다(로마서 1:1).

그 낙인은 그가 예수의 이름으로 인하여 그의 몸에 받은 수많은 상처의 흔적이었다.

---

19) 318, 319, 321p.

그가 다섯 번이나 유대인에게 39대의 매를 맞고, 세 번 몽둥이로 맞고, 한 번 돌로 맞고, 세 번 바다에서 파선하고, 일주야를 깊은 바다에서 지냈고(고후11:24~25) 등에서 받은 인고로 인해 그의 몸에 지니게 된 예수의 스티그마(stigma) 즉 낙인이었다. 그는 이러한 상흔에 의해 분명히 예수의 노예임을 나타냈다.

오명(汚名, 더러워진 이름이나 명예)의 흔적(낙인)은 참된 기독 신자의 필연적 부산물이다.

우리들은 히브리서 기자의 말대로,
"예수의 수욕(受辱, 남에게 모욕을 당함)을 걸머지고 영문營門(성문) 밖으로 나가" 거기서 기꺼이 그와 함께 고난을 받아야 할 것이다.

* * *

야나이하라 다다오 :
《서신서 강의》[20]

(3:27)
칼라일은 《의상철학》에서 '영원한 부정(否定)(The Everlasting No)'이라는 말을 사용하고 있다. 그는 인간 사회의 일 모두가 옷에 싸여 통용되고 있다는 것을 알았을 때, 인생은 무의미하다는 사상에

---

20) 야나이하라 다다오, 《서신서 강의》, 기독교문화사, 1988.6.30. 초판 발행, 90~92p.

도달하였다.

이 영원한 부정에서 '영원한 긍정(The Everlasting Yea)'으로 전환되어 간 그의 사상의 과정을 쓴 것이 《의상철학》이다.

그러나 그는 그의 책에서 십자가의 복음을 이야기하지 않는다. 따라서 그의 문제 제기나 그 해결 방법은 분명히 인간의 보편적인 경험에 접해 있다.

어찌되었든 영원한 긍정(The Everlasting Yea)에 도달해야 한다. 죄라는 사실을 극복해야 한다. 이것을 언제까지나 그대로 두어서는 모든 인생의 긍정적이고 적극적인 일은 하나도 없게 된다. 죄를 파괴하고 새로운 인간이 나타나야 한다.

이 새로운 인간이란 예수 그리스도에 의하여 구원된 인간이다. 예수 그리스도의 구원은 영원한 부정을 영원한 긍정으로 전환시키는 길이다. 예수 그리스도의 십자가의 복음이 그것이다.

우리가 한번 벌거숭이가 되어 자신이 죄인이라고 자각하면, 해결은 거기서부터 시작된다. 벌거숭이 그대로는 있을 수 없다. 벌거숭이로 거리를 다닐 수는 없다. 그 모습으로는 인생과 사회를 다시 일으켜 세울 수가 없다.

"누구든지 그리스도와 합하여 세례를 받은 자는 그리스도로 옷 입었느니라"(3:27)라고 말하고 있다.

그리스도로 새 옷을 입으면 우리의 모든 생활 태도가 달라진다. 전에는 자기의 신분, 국적, 도덕, 지식, 건강 등의 옷을 입고 자기를 내세웠으나, 지금은 그런 옷을 걸치고 자기를 미화할 수 없게 된다. 그 대신 그리스도로 옷 입은 자로서 하나님 앞에 나서고 세상 앞에 나서게 되는 것이다.

"내가 그리스도와 함께 십자가에 못 박혔나니 그런즉 이제는 내가 사는 것이 아니요, 오직 내 안에 그리스도께서 사시는 것이라. 이제 내가 육체 가운데 사는 것은 나를 사랑하사 나를 위하여 자기 자신을 버리신 하나님의 아들을 믿는 믿음 안에서 사는 것이라."(2:20)

* * *

김교신金敎臣 :
《김교신전집 3 성서 개요》[21]

갈라디아서는 고린도전·후서와 로마서까지 합하여 바울의 신앙과 사상을 가장 특색 있게 표현한 소위 그의 4대 기본 서신의 하나이다.

---

21) 노평구, 《김교신전집 3 성서 개요》, 도서출판 부키, 2001.10.20. 초판 1쇄, 378, 379p.

본 서신은 로마서의 중심 진리를 요점만으로 제시함으로써 간명하고 준열하고 심원하여, 로마서의 축도와 같은 것이니 그 말하는 진리는 동일한 것이다.

즉 사람의 구원은 율법을 완전히 행하는 행위로 되는 것이 아니요, 오직 신앙(믿음)으로 된다는 것이다.

본 서신은 진리의 칼과 성령의 불꽃으로서 모든 부패와 무익한 형해(몸과 뼈)를 폭격하는 위대한 힘을 내포하였다.

신앙 역사의 오늘날까지 본서로 인하여 개혁의 원동력을 얻은 사실은 들어 말할 수 없으리만큼 수다하다.

그중에서도 16세기 루터의 종교개혁은 이 책으로서 시작된 것이었다. 루터는 갈라디아서를 칭하여 “이는 나의 책이라”고 하였다.

* * *

노평구盧平久 :
《노평구 전집 제10권》[22]

갈라디아서의 성격[23]

갈라디아서는 한마디로 신앙 전투의 서(書)이다. 즉 학자들이 말하는바 소위 논쟁 서한이다.

본서는 직접 그의 전도 도상에서 자신의 사도직의 부정과 그의 십자가 복음에 대한 대항, 그리고 그에 대한 개인적인 인신공격과 함께 집요하게 그의 복음과 신앙의 내용을 교란하려 했던 그의 복음의 적들, 즉 유대주의적 기독자들에 대한 공격의 책인 것이다.

본서는 삼분의 일이 순 개인적인 바울 자신의 생애, 즉 역사적인 사건과 관련하여 전개되는, 성서 중 고린도후서와 함께 가장 개성적인 서한으로, 그의 복음 주장에 있어 전 정력과 열정, 투지가 넘쳐흐름은 물론, 한편 그의 나약한 인간적인 애정 면과 아울러 적에 대한 저주와 모욕과 조소와 분노, 아이러니가 전체에 넘쳐흐르고 있다.

실로 본서는 바른 신앙을 위해 신앙의 전선을 달리는 믿음의 전사에게 없어서는 안 될 신앙의 무기인 것이다.

---

22) 노평구, 《노평구 전집 제10권》, 갈라디아서·빌립보서, 풀무학원 부설 시골문화사, 1998.09.20. 초판 발행, 11, 12, 230, 231p.

23) 11, 12p.

예수의 흔적(6:17)[24]

통설은 바울의 생애에서 복음 때문에 받은 무수한 박해 가운데서 입은 몸의 상처의 자국을 말하는 것으로 본다.

십자가의 신앙은 교회당에 무슨 십자가를 다는 일은 절대 아닌 것이다. 문패에 십자가를 그리는 일이 신자의 표식은 아닌 것이다. 옷에 십자가의 배지를 다는 일은 아니다.

그렇다. 이 내 몸에 믿음을 위한 박해와 고난의 낙인을 찍는 일이다. 더욱 이 불의의 세상에서, 죄악과 불신의 우리 현실에서 그러하다.

- 2022년 04월 10일 일.

따사로운 봄볕 내리는 김포 장릉을 거닐며…

---

24) 230, 231p.

‘신약성경 point 읽기 4-1’

- 고린도전서(1CORINTHIANS)

십자가의 길(道)(1:18~31)

시간이 멈춘 길 2022년 6월 5일 일요일

우러러보는 십자가보다 짊어지는 십자가

"○○○선생은 내가 십자가 신앙을 저버렸다고 말합니다. 그 말은 맞다고 생각합니다. 그러나 내 자신의 생각으로는 버린 것이 아닙니다.

십자가 없이 어떠한 기독교가 있을 수 있겠습니까?

십자가를 저버린 것이 아니라 십자가 해석을 저에게 맞게 제 나름대로 고쳤을 뿐입니다.

나는 우러러보는 십자가보다 짊어지는 십자가 쪽에 섭니다." 〈무엇이 참 문제냐〉 외 - 《함석헌 전집》

고린도전서는 바울의 13권의 서신 중에서도 로마서에 버금가는 분량이 많은 서신에 속한다. 양이 많을 뿐 아니라 그 내용에 있어서도 기독교 교리에 핵심이 되는 중요한 사상과 신학이 자세히 담겨 있다.

즉, 1장의 '십자가의 길(道)', 13장의 '사랑', 15장의 '그리스도 예수의 부활'이 그것이다.

십자가와 사랑과 부활이다.

이것이 중요한 이유는 기독교의 근본 바탕인 십자가, 그리고 그 십자가의 길을 통한 사랑, 사랑에 의한 부활이 연이어 이루어지고 있기 때문이다.

고린도전서가 쓰인 동기가 고린도 교회에서의 분쟁과 분란 및 교리상의 문제 해결을 위해서지만, 그것들의 해결책으로서 바울은 현실적·개별적 해결 방안을 제시하는 대신, 십자가의 길과 사랑과 부활이라는 영적 가르침을 주고 있다는 것이 매우 특별한 방식이다.

중심 교리를 조금이라도 이해하며 읽자니 그 범위가 너무 넓고 깊이가 있어, 전체를 다루기에는 필자 자신의 역량이 되지 않을뿐더러 지면 할애도 쉽지 않은 관계로, 상기에 언급한 세 가지에 관해서만 성경 내용 순서에 따라 첫 번째는 십자가의 길, 두 번째는 사랑, 세 번째는 부활에 관하여 point 읽기를 하고자 한다.

오늘 이 자리는 첫 번째 '십자가의 길(道)'에 관한 point 읽기다.

개요

고린도전서는 신약성경 27권 중 네 번째로 기록되었으며 바울 서신 중 네 번째 서신이다.

고린도전서

- 구성: 총 16장 438절
- 저자: 사도 바울
- 기록 장소: 3차 선교 여행 도중 에베소(현재 튀르키예 서부 지역)
- 기록 시기: AD 55년 말~56년 초

고린도전서의 배경과 무대

고린도는 그리스 본토와 펠로폰네소스 반도를 연결하는 해협에 위치한 무역과 상업 중심 도시로서, 사도 바울 당시 인구 50~70만이나 되는 대도시여서 수많은 인종이 살고 있었다.

이런 연유로, 학문도 매우 성행하였으나 환락과 풍기 문란 그리고 우상숭배 등으로 인한 도덕적 타락이 그 극에 달해 있어, '고린도인의 생활'이라 하면 방탕 생활의 대명사로 쓰일 정도였다.

이런 곳에 고린도 교회가 세워졌으니 자연적인 여파로 각종 문제가 교회에 발생한 것은 자명한 일이었을 것이다.

고린도 교회는 바울이 2차 선교 여행 시 고린도에 1년 반 정도 유스도라 하는 개종자의 집에 머물면서 교회의 기초를 세웠다(사도행전 18:1~11).

바울이 떠난 뒤에는 알렉산드리아 태생의 유대인 아볼라가 이곳에 와서 선교하게 되었다(행 18:24~, 고전 3:5~9).

고린도전서의 특징

고린도전·후서는 로마서와 갈라디아서와 더불어 바울의 신앙과 사상을 잘 표현한 그의 4대 기본 서신의 하나이다.

로마서의 경우 기독교 교리상의 문제를 설명하였지만, 고린도전서에서는 주로 신자의 실제적 현실 문제를 취급하고 있다.

고린도전서의 내용 구성

- 1:10~6장: 고린도 교회의 분쟁과 타락
- 7장~14장: 고린도 교회의 질문에 대한 답
- 15장: 부활 문제
- 16장: 맺는 말

집필 동기·목적

당시 고린도에서 온 [글로에의 집 편](1:11)으로부터 교회의 분쟁 등에 대한 얘기를 듣고 그것을 지도·훈계하기 위해서,

그리고 바울이 [전에 쓴 편지](5:9)(지금은 분실되고 현존치 않음)의 회신으로서 고린도 교회로부터 온 여러 가지 질문에 대한 답을 위하여 이 고린도전서를 집필했다.

성경 읽기

십자가의 길(道)(1:18~31)

십자가의 도가 멸망하는 자들에게는 미련한 것이요 구원을 얻는 우리에게는 하나님의 능력이라(1:18)

기록된바 내가 지혜 있는 자들의 지혜를 멸하고 총명한 자들의 총명을 폐하리라 하였으니(1:19)

지혜 있는 자가 어디 있느뇨 선비가 어디 있느뇨 이 세대에 변사가 어디 있느뇨 하나님께서 이 세상의 지혜를 미련케 하신 것이 아니뇨(1:20)

하나님의 지혜에 있어서는 이 세상이 자기 지혜로 하나님을 알지 못하는고로 하나님께서 전도의 미련한 것으로 믿는 자들을 구원하시기를 기뻐하셨도다(1:21)

유대인은 표적을 구하고 헬라인은 지혜를 찾으나(1:22)

우리는 십자가에 못 박힌 그리스도를 전하니 유대인에게는 거리끼는 것이요 이방인에게는 미련한 것이로되(1:23)

오직 부르심을 입은 자들에게는 유대인이나 헬라인이나 그리스도

는 하나님의 능력이요 하나님의 지혜니라(1:24)

하나님의 미련한 것이 사람보다 지혜 있고 하나님의 약한 것이 사람보다 강하니라(1:25)

형제들아 너희를 부르심을 보라 육체를 따라 지혜 있는 자가 많지 아니하며 능한 자가 많지 아니하며 문벌 좋은 자가 많지 아니하도다(1:26)

그러나 하나님께서 세상의 미련한 것들을 택하사 지혜 있는 자들을 부끄럽게 하려 하시고 세상의 약한 것들을 택하사 강한 것들을 부끄럽게 하려 하시며(1:27)

하나님께서 세상의 천한 것들과 멸시 받는 것들과 없는 것들을 택하사 있는 것들을 폐하려 하시나니(1:28)

이는 아무 육체라도 하나님 앞에서 자랑하지 못하게 하려 하심이라(1:29)

너희는 하나님께로부터 나서 그리스도 예수 안에 있고 예수는 하나님께로서 나와서 우리에게 지혜와 의로움과 거룩함과 구속함이 되셨으니(1:30)

기록된바 자랑하는 자는 주 안에서 자랑하라 함과 같게 하려 함이니라(1:31)

Point

우치무라 간조(내촌감삼) :
《내촌감삼 성서주해 전집 제12권》[25)]

(1:30)

"…예수는 하나님으로부터 나와서 우리에게 지혜와 의로움과 거룩함과 구원함이 되셨으니."

기독교는 신앙(믿음)의 일이다. 바울의 말에 따르면 기독교는 그리스도라는 것이다. 그러므로 그리스도를 배우는 데 옥스포드 대학이나 케임브리지 대학에 갈 필요는 없는 것이다.

바울이 말한 대로 신자의 신학은 예수이다. 신자의 윤리는 예수이다. 신자의 세례는 예수이다. 신자의 완성은 예수이다.

교회가 아니다. 목사·장로도 아니다. 그들이 부르짖는 신학 또는 교의도 아니다.

예수를 믿어 누구나 그리스도교의 오의(奧義: 깊은 뜻)에 달할 수가 있는 것이다. 50년, 일 년, 아니 어떤 경우에 있어서는 일순간으

---

25) 내촌감삼(1861~1930), 《내촌감삼 성서주해 전집 제12권》, 혜문사, 1981.12.30. 제4판 발행, 54, 55p.

로도 충분하다.

기독교는 하나님의 아들 예수 그리스도이시다.

교회가 아니고 신학이 아닌 것은 물론, 윤리가 아니고 또 수양도 아닌 것이다.

사람이 직접 그리스도에게로 가서, 그 안에서 그리스도의 교훈을 통하여 예수에게 달할 때, 비로소 우리는 이 가르침을 원만하게 깨달을 수 있는 것이다.

그러므로 말한다.
'예수께로 가라. 예수께로 가라'고.

* * *

구로자끼 고오기찌 :
《완역 신약성서주해 4권》[26]

(1:18~25)[27]

---

26) 구로자끼 고오기찌(흑기행길)(1886~1970), 《완역 신약성서주해 4권》, 박문출판사, 1973.12.01., 12, 14p.

27) 12p.

세상의 지혜와 하나님의 지혜

인류는 스스로 그 절대의 무지(無知: 아는 것이 없음)와 무력(無力: 힘이 없음)을 알고, 비로소 하나님의 지혜와 힘의 위대함을 알아 하나님께 돌아갈 수 있으며, 자기에게 아무런 가치 없음을 알고 비로소 십자가 구속(救贖: 예수가 십자가에 못 박혀 인류의 죄를 대속(代贖)하여 구원함)의 존귀와 하나님의 지혜가 무한히 깊은 것을 알 수 있다.

세상 지혜가 다하는 곳에 하나님의 지혜가 있다.

십자가와 당파와의 관련

십자가의 복음은 인간의 무가치를 가르치며 따라서 당파적인 분쟁의 한 원인이 되는 인간의 지혜에 대한 자랑을 없어지게 한다. 바울은 이 근본적 진리를 들어서 분쟁의 근원을 없애려 하고 있는 것이다.

(1:26~31)[28]

참다운 자랑

지난 18~25절에 사람이 지혜에 대한 자랑을 제거해 버리도록 교훈하여 분쟁의 근원을 없애고, 또 다시 이 절에서 사람의 신분이나 능력도 자랑할 것이 못 되며, 오직 그리스도만이 우리의 자랑인 것

28) 14p.

을 가르쳐서 교회의 일치를 촉진시키려고 바울은 노력하고 있다.

사람이 모두 오직 그리스도를 자랑할 뿐이라고 한다면, 바울이나 아볼로나 베드로도 자랑할 것이 못 됨을 알 수 있을 것이다. 그러므로 이로써 교회의 근본적 일치를 가져올 수 있을 것이다.

십자가 복음의 지혜로움

여기서 인간의 무가치와 하나님의 절대하심을 대조시킴으로써 우리들로 하여금 자신이 어떤 사람이라는 것을 깨닫게 하고, 하나님의 아들과 영화로운 하나님의 사랑과 지혜와 능력을 생각하게 하는 것이다.

그리고 이것의 성취를 위해서는 오직 십자가에의 의지일 뿐이므로 십자가의 복음은 어리석은 것 같으면서도 가장 지혜롭고, 약한 듯하면서도 가장 강하다는 것을 알게 하는 것이다.

* * *

Amen!

- 2022년 06월 05일 일.

김포골에서…

'신약성경 point 읽기4-2'

- 고린도전서(1CORINTHIANS)

사랑(13장)

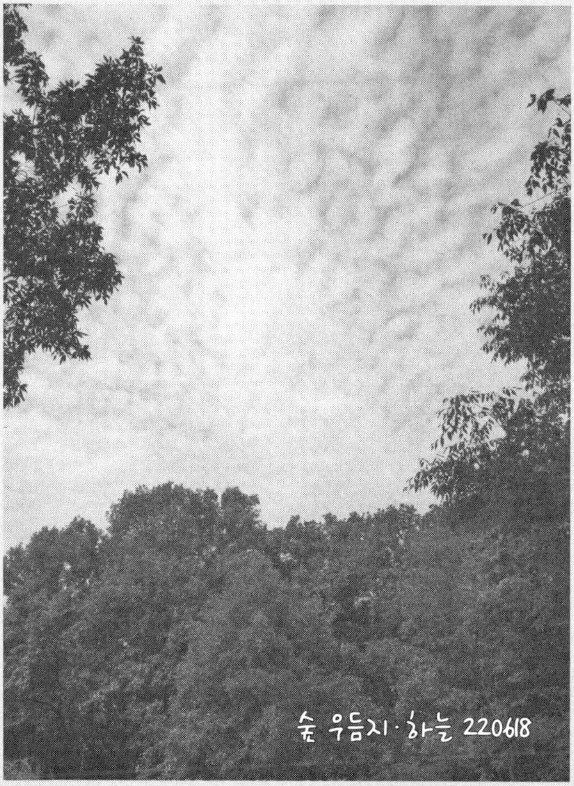

숲 우듬지·하늘 2022년 6월 18일 토요일

사랑

하나님이 세상을 이처럼 사랑하사 독생자(his one and only son)를 주셨으니 이는 그를 믿는 자마다 멸망하지 않고 영생을 얻게 하려 하심이라(요한 3:16)

그가 우리를 위하여 목숨을 버리셨으니 우리가 이로써 사랑을 알고(요한일서 3:16)

사랑하지 아니하는 자는 하나님을 알지 못하나니 이는 하나님은 사랑이심이라(요한일서 4:8)

우리가 아직 죄인 되었을 때에 그리스도께서 우리를 위하여 죽으심으로 하나님께서 우리에 대한 자기의 사랑을 확증하셨느니라(롬 5:8)

'신약성경 point 읽기4-1'에 이어 이 자리는 13장 '사랑의 장'에 대한 point 읽기다.

개요, 내용 구성, 집필 동기 등은 읽기 4-1을 참조하면 된다.

사랑에 대하여

자기를 사랑하는 자를 사랑하는 일은 인간 누구나가 할 수 있는 보편적인 일이다.

그러나 자기를 미워하는 원수를 사랑함은 인간의 근원적 본성에 반(反)하는 일이 아닐 수 없다(누가복음 6:32~34).

그리하여 우리는 위의 두 가지 사랑(자기 사랑과 원수 사랑)이 본질적 개념에서 서로 완전히 다른 자리에 서 있음을 알게 된다.

고전(古典) 그리스어에서는 '사랑한다'는 행위를 나타내는 말로서, 성적 욕정에 기초한 사랑, 또는 윤리적·종교적으로 높여진 사랑으로서의 거룩한 것에의 동경을 나타내는 '에라오erao(명사 에로스eros)'와 형제애 및 친구애, 인류애 등을 나타내는 '필레오phileo(명사 필리아philia)'가 주로 사용되었다.

그러나 신약성경에서는 에로스(eros)가 한 번도 사용되어 있지 않고, 대신에 '아가파오agapao(명사 아가페agape)'가 특별하게 사용되고 있다.

다시 말하여 에로스가 對象(대상)의 가치를 추구하는 사랑인데 대하여, 아가페는 대상 그 자체를 사랑하는 것이다.

가치추구적인 에로스가 자기(自己) 추구적인 데 비하여, 아가페는 타자(他者) 본위의 순수한 사랑이다. 타자 본위는 반드시 자기 희생적, 자기 부정적이 되지 않을 수 없다.

이 같은 아가페(agape)는 예수 그리스도에 있어서 실현되고 있다.

성경 읽기

사랑(13:1~13)

내가 사람의 방언과 천사의 말을 할찌라도 사랑이 없으면 소리나는 구리와 울리는 꽹과리가 되고(13:1)

내가 예언하는 능이 있어 모든 비밀과 모든 지식을 알고 또 산을 옮길만한 모든 믿음이 있을찌라도 사랑이 없으면 내가 아무 것도 아니요(13:2)

내가 내게 있는 모든 것으로 구제하고 또 내 몸을 불사르게 내어줄찌라도 사랑이 없으면 내게 아무 유익이 없느니라(13:3)

사랑은 오래 참고 사랑은 온유하며 투기하는 자가 되지 아니하며 사랑은 자랑하지 아니하며 교만하지 아니하며(13:4)

무례히 행치 아니하며 자기의 유익을 구치 아니하며 성내지 아니하며 악한 것을 생각지 아니하며(13:5)

불의를 기뻐하지 아니하며 진리와 함께 기뻐하고(13:6)

모든 것을 참으며 모든 것을 믿으며 모든 것을 바라며 모든 것을 견디느니라(13:7)

사랑은 언제까지든지 떨어지지 아니하나 예언도 폐하고 방언도 그치고 지식도 폐하리라(13:8)

우리는 부분적으로 알고 부분적으로 예언하니(13:9)

온전한 것이 올 때에는 부분적으로 하던 것이 폐하리라(13:10)

내가 어렸을 때에는 말하는 것이 어린 아이와 같고 깨닫는 것이 어린 아이와 같고 생각하는 것이 어린 아이와 같다가 장성한 사람이 되어서는 어린 아이의 일을 버렸노라(13:11)

우리가 이제는 거울로 보는것 같이 희미하나 그 때에는 얼굴과 얼굴을 대하여 볼 것이요 이제는 내가 부분적으로 아나 그 때에는 주께서 나를 아신 것 같이 내가 온전히 알리라(13:12)

그런즉 믿음, 소망, 사랑, 이 세 가지는 항상 있을 것인데 그 중에 제일은 사랑이라(13:13)

Point

성 아우구스티누스 :
《하나님의 도성》[29]

어떤 사람들을 사랑하는 것이 정당할 때에, 사랑을 받는 것은 그 사랑 자체다.

선한 것을 아는 사람이 선한 사람이 아니라, 선한 것을 사랑하는 사람이 선한 사람이기 때문이다.

우리가 사랑해서는 안 될 것을 사랑하는 사랑도 우리에게 있다. 이런 사랑은 마땅히 사랑할 것을 사랑하는 사람을 미워한다.

이 두 가지 사랑이 다 한 사람 안에 있다. 이 공존은 사람을 위해서 좋다. 곧, 선하게 살게 하는 사랑이 자라며 악으로 인도하는 사랑이 감해져서, 드디어 우리의 생활 전체가 완전히 치유되며 선하게 변하기 위해서 그 공존이 좋은 것이다.

---

29) 성 아우구스티누스(354~430), 《하나님의 도성》, 크리스챤 다이제스트, 2000.05.15., 570p.

* * *

마르틴 루터 :
《그리스도의 수난과 부활》[30]

“하나님이 세상을 이처럼 사랑하사.”(요한 3:16)

이것은 굉장히 놀라운 말씀이다. 하나님은 지독한 대적인 세상을 진노로 쓸어버릴 만한 충분한 이유를 갖고 계시는데, 사실 하나님보다 더 큰 사랑을 갖고 있는 자도 없으며 세상보다 더 극악한 흉악범도 없다.

하나님께서 이토록 세상을 사랑하신다는 사실은 나로서는 알 수 없는 일이다.

내가 만일 하나님이었다면 세상에 지옥의 불을 던졌을 것이다. 그러나 하나님은 세상을 진노 중에 불태우는 대신에 자신의 아들을 주심으로써 형언할 수 없이 흘러넘치는 사랑으로 사랑하셨다.

이러한 사랑은 모세가 보았던 가시덤불의 불보다 더 뜨거우며 또한 지옥의 불보다 더 뜨겁다.

---

30) 마르틴 루터(1483~1546), 《그리스도의 수난과 부활》, 도서출판 컨콜디아사, 1992.11.16. 초판 제1쇄, 40p.

하나님이 이처럼 세상을 사랑하시는데 어느 누가 절망할 것인가?

* * *

존 칼빈 :
《기독교 강요(중)》[31]

바울이 사랑을 믿음보다 더 크다고 하는 것은 사랑에 더 많은 공로가 있다는 뜻이 아니라, 사랑이 더 효과적이며, 영향력이 많으며, 더 많이 봉사하며, 영원히 창성하지만, 믿음은 얼마 동안만 유용하기 때문이다(고전 13:2 이하 참조).

만일 우열을 고려한다면, 하나님의 사랑이 당연히 첫 자리를 차지할 것이지만, 바울의 발언과는 관계가 없다.

참으로 바울이 역설하는 점은, 우리는 주 안에서 서로 사랑함으로써 서로 덕을 세워야 한다는 한 가지뿐이다.

* * *

31) 존 칼빈(1509~1564), 《기독교 강요(중)》, 생명의 말씀사, 1997.08.25. 18쇄, 380p.

우치무라 간조(내촌감삼) :
《내촌감삼 성서주해 전집 제12권》[32]

"그런즉 믿음, 소망, 사랑, 이 세 가지는 항상 있을 것인데 그 중의 제일은 사랑이라."(13:13)

세상에 영존(永存: 언제나 있음)하는 것 세 가지가 있다.
믿음, 소망, 사랑 이것이다. 그 외는 모두 일시적인 것이다.

부귀는 연기와 같다. 권위는 구름과 같다. 명예는 아침 이슬과 같다. 예언, 언어, 지식이라 해도 때가 되면 폐지되지 않을 수 없다. 그렇지만 믿음, 소망, 사랑의 삼자(三者)는 언제나 있는 것이다.

영원한 생명이란, 믿음·소망·사랑의 생애이다.
信·望·愛(신·망·애)의 삼자는 한 가지로 영존한다. 하지만 그중 가장 큰 것은 사랑이다.

믿음으로 서고, 소망에 의해 전진하며, 사랑에 이르러 충족된다. 사랑은 인생의 종극적(終極的)이다.

여기에 이르러 사람은 하나님의 품에 돌아가 하나님의 아들이 되

32) 내촌감삼(1861~1930), 《내촌감삼 성서주해 전집 제12권》, 혜문사, 1981.12.30. 제4판., 148, 149p.

어 영존한다.

그것은 하나님은 곧 사랑이시기 때문이다(요한일서 4:8).

사랑의 의의[33)]

사랑은 주는 것입니다. 자기에게 속한 것은 물론이고 자기 자신을 주는 것입니다. 독생자를 주셨다(요한 3:16)라고 함은, 하나님이 자기 자신보다 더 귀한 분을 주셨다는 말입니다.

자기를 비워(빌립보 2:7)라고 함은, 자기의 욕망이란 단 하나도 자신 속에 보류해 두지 않고 다 주셨다는 뜻입니다.

사랑은 자기를 주는 일, 타자를 위해서 자기를 버리는 일, 또는 자기를 떠나는 일입니다.

영어의 Love는 Leave와 같은 말이라고 합니다.

러브(사랑)한다는 말은 리브(떠난다)한다는 말이며 그리고 자기를 떠나는 것 그 일이 Live하는 것, 즉 Life(사는 것)인 것입니다.

사람은 사랑을 '받기' 위하여 사랑합니다. 그리고 사랑을 가지고 상

---

33) 우치무라 간조, 《내촌감삼전집 제7권》, 크리스챤 서적, 2001.03.28. 초판 1쇄, 543p.

대방을 자기의 것으로 만들었을 때 이것을 사랑의 승리라고 말합니다.

그러나 하나님의 사랑, 즉 참사랑은 이것과는 다릅니다. 참사랑은 영원히 자기를 '주고자'합니다. 그리고 주는 것을 생명으로 삼습니다.

하나님은 영원히 이러한 생활을 영위하시기 때문에 "하나님은 사랑이라"라고 말하는 것입니다.

* * *

구로자끼 고오기찌 :
《완역 신약성서주해 4권》[34]

신·망·애(信·望·愛), 이는 손발과 같은 복음의 세 강령이다. 그러므로 바울은 항상 이 세 가지를 함께 호칭하기를 잊지 않았다.

신앙(信仰)은 하나님과 그리스도에 대한 신종(信從: 믿고 따라 좇음)으로서 이로 말미암아 사람은 하나님 앞에 의롭다함을 받으며, 소망(所望)은 하나님의 약속을 바라고 의심치 않으며 이 세상에 있어서 이미 천국을 받고 있는 것이며, 사랑은 하나님에 대한 사랑을 가지고 동시에 형제를 사랑하는 것이다.

---

34) 구로자끼 고오기찌(흑기행길)(1886~1970), 《완역 신약성서주해 4권》, 박문출판사, 1973.12.01., 110p.

오늘날 많은 기독교인들 가운데 이 중 어느 하나만 치중하고 다른 곳에 결(缺: 있어야 할 것이 빠져 있거나 부족함)하는 일이 있음은 사실이다.

만일 스스로 살펴보아 신뢰의 점에 결한 데가 있어서 그 결과로 생활의 우려, 박해에 대한 공포 등이 있는 경우, 혹은 소망이 결한 때문에 부활, 재림 등 기독교인에게 주어진 큰 소망을 가지지 못하는 경우, 혹은 사랑을 결하여 고린도 신자의 경우와 같이 당쟁, 분파, 질투, 분노 등에 빠지는 경우를 우리는 삼가지 않으면 안 된다.

오늘날 교회에 이 모든 것들이 만연되어 있으니 그 신앙의 타락을 증명하고도 남음이 있다고 할 수 있다.

그러나 이들 중에 사랑이 가장 크며 모든 것을 가지고도 사랑이 없으면 모든 게 없는 것이나 같다.

오늘날 전 세계의 기독교인들이 서로 사랑하지 않고 서로 분쟁하고 있는 것만을 보아도 우리는 다 겸손하게 주(主) 앞에 무릎을 꿇고 죄를 자복(自服: 저지른 죄를 자백하고 복종함)하지 않으면 안 된다.

* * *

야나이하라 다다오 :
《서신서 강의》[35]

"그런즉 믿음, 소망, 사랑, 이 세 가지는 항상 있을 것인데 그 중의 제일은 사랑이라."(13:13)

믿음과 소망보다 사랑의 가치가 크다고 말하는 것은 무엇 때문인가? 사랑은 하나님의 본질인데 비해, 믿음과 소망은 사랑의 하나님에 대한 우리의 생활 태도에 불과하기 때문이다.

성경에 "하나님은 사랑이시다"라고 했으나, 하나님은 믿음이나 소망이라고 말하지 않은 이유도 여기에 있다.

사랑에 의하지 않고서는 인간은 하나님께 도달할 수 없다.

하나님의 본질이 사랑이기 때문이다.

사랑이 길다운 길로서 최대의 영원한 가치를 갖고 있는 것은 이 때문이다.

- 2022년 06월 18일 토.

김포골에서…

35) 야나이하라 다다오(1893~1961), 《서신서 강의》, 기독교문화사, 1988.06.30. 초판 발행일, 36, 37p.

'신약성경 point 읽기4-3'

- 고린도전서(1CORINTHIANS)

그리스도 예수의 부활1(15장)

靜·Logos·Christ

'그리스도 예수의 부활'에 들어가기 전에…

기독교의 근본 중의 근본 핵심으로서의 예수 그리스도의 부활은 아무리 강조해도 지나침이 없는 기독교의 중심 교리이다. 그러할진대 그 중요성을 고려해 오늘의 이 자리를 포함하여 두 번에 걸쳐 부활에 대한 얘기를 하고자 한다.

우리가 바울이 쓴 13권의 어느 서신을 읽더라도 반드시 염두에 두어야 할 대단히 중요한 사실이 있는 바, 그것은 이 모든 서신들이 예수의 죽음과 부활 사건이 있은 후(AD 32~35년) 불과 30여 년도 채 안 된 시기에 쓰였다는 것이다.

오늘날 우리가 생각하기에도 30여 년도 채 안 된 사건이라면 그 사건을 직접 보거나 소문으로 들은 자가 부지기수라는 것은 명약관화한 바, 예수의 죽음과 부활 당시 그 사건을 직간접으로 알고 있던 사람들 또한 상당수였음을 추론할 수 있을 것이다.

아니, 추론이 아닌 성경 자신이 증언하는 사실만 보더라도 적어도 일천여 명의 당시 사람들이 그 사건의 진실을 알고 있었고(고린도전서 15:1~8), 오늘날 학자들의 연구에 따르면 당시 최대 일만여 명

이상의 사람들이 예수의 죽음과 부활의 사실을 진실로서 알고 있었다고 한다.

이러한 사실이 예수의 죽음과 부활이라는 진실의 유력한 증거 능력의 하나로 오늘날 인정받고 있다.

지난 '성경 point 읽기 4-1(십자가의 길) & 4-2(사랑)'에 이어 이 자리는 15장 '부활 장'에 대한 point 읽기다.

오늘은 그 중 첫 번째 *그리스도 예수의 부활1* point 읽기이다.

개요, 내용 구성, 집필 동기 등은 읽기 4-1을 참조하면 된다.

성경 읽기

부활(15장)

내가 받은 것을 먼저 너희에게 전하였노니 이는 성경대로 그리스도께서 우리 죄를 위하여 죽으시고(15:3)

장사 지낸바 되었다가 성경대로 사흘만에 다시 살아나사(15:4)

게바에게 보이시고 후에 열 두 제자에게와(15:5)

그 후에 오백여 형제에게 일시에 보이셨나니 그 중에 지금까지 태반이나 살아 있고 어떤이는 잠들었으며(15:6)

그 후에 야고보에게 보이셨으며 그 후에 모든 사도에게와(15:7)

맨 나중에 만삭되지 못하여 난 자 같은 내게도 보이셨느니라(15:8)

그리스도께서 죽은 자 가운데서 다시 살아나셨다 전파되었거늘 너희 중에서 어떤이들은 어찌하여 죽은 자 가운데서 부활이 없다 하느냐(15:12)

만일 죽은 자의 부활이 없으면 그리스도도 다시 살지 못하셨으리라(15:13)

그리스도께서 만일 다시 살지 못하셨으면 우리의 전파하는 것도 헛것이요 또 너희 믿음도 헛것이며(15:14)

또 우리가 하나님의 거짓 증인으로 발견되리니(…)(15:15)

그리스도께서 다시 사신 것이 없으면 너희의 믿음도 헛되고 너희가 여전히 죄 가운데 있을 것이요(15:17)

만일 그리스도 안에서 우리의 바라는 것이 다만 이생 뿐이면 모든 사람 가운데 우리가 더욱 불쌍한 자리라(15:19)

그러나 이제 그리스도께서 죽은 자 가운데서 다시 살아 잠자는 자들의 첫 열매가 되셨도다(15:20)

사망이 사람으로 말미암았으니 죽은 자의 부활도 사람으로 말미암는도다(15:21)

아담 안에서 모든 사람이 죽은것 같이 그리스도 안에서 모든 사람이 삶을 얻으리라(15:22)

누가 묻기를 죽은 자들이 어떻게 다시 살며 어떠한 몸으로 오느냐 하리니(15:35)

어리석은 자여 너의 뿌리는 씨가 죽지 않으면 살아나지 못하겠고 (15:36)

또 너의 뿌리는 것은 장래 형체를 뿌리는 것이 아니요 다만 밀이나 다른 것의 알갱이 뿐이로되(15:37)

하나님이 그 뜻대로 저에게 형체를 주시되 각 종자에게 그 형체를 주시느니라(15:38)

죽은 자의 부활도 이와 같으니 썩을 것으로 심고 썩지 아니할 것으로 다시 살며(15:42)

육의 몸으로 심고 신령한 몸으로 다시 사나니 육의 몸이 있은즉 또 신령한 몸이 있느니라(15:44)

우리가 흙에 속한 자의 형상을 입은것 같이 또한 하늘에 속한 자의 형상을 입으리라(15:49)

이 썩을 것이 썩지 아니함을 입고 이 죽을 것이 죽지 아니함을 입을 때에는 사망이 이김의 삼킨바 되리라고 기록된 말씀이 응하리라(15:54)

사망아 너의 이기는 것이 어디 있느냐 사망아 너의 쏘는 것이 어디 있느냐(15:55)

사망의 쏘는 것은 죄요 죄의 권능은 율법이라(15:56)

맺는말(16장)

만일 누구든지 주를 사랑히지 아니하면 저주를 받을지어다
우리 주여 오시옵소서(Come Lord: Marana tha/아람어)

Point

리 스트로벨 :
《예수는 역사다》[36)]

이 책은 《시카고 트리뷴》지에서 법률 전문 부장 등을 지내며 14년간 언론계에 몸담았던 노련한 저널리스트이자 《뉴욕 타임즈》 베스트셀러 저자인 '리 스트로벨Lee Strobel'이 성경과 고고학 등 각 분야의 가장 권위 있는 교수들과 학문적·법률적 대화를 통해서 '예수는 역사다'라는 사실을 추적·확증해 가는 내용을 다루고 있다.

이 책을 다 읽고 나면 각 분야의 독보적이며 전문적인 학자들의 성경 내용 특히 예수의 십자가 죽음과 부활에 대한 오랜 연구 결과물들로서 밝혀지고 주장된 수많은 사례들에 저절로 고개가 끄덕여질뿐더러 성경과 예수 그리스도에 대한 확고한 믿음이 깊은 감동으로 가슴 저 밑바닥으로부터 요동치며 솟아오르는 것을 분명히 느낄 수 있을 것이다.

'성경 특히 부활'에 조금이라도 관심이 있는 사람이라면 누구나

---

36) 리 스트로벨, 《예수는 역사다》, 사단법인 두란노서원, 2002.11.07. 초판 발행, 279~379p. 요약

기독교인의 여부를 떠나 평생 자신의 독서 이력 등을 위해서라도 이 책 《예수는 역사다》를 읽어 볼 것을 강력히 추천하는 바이다.

* * *

고린도전서 15장(부활)

예수 부활 사실에 관한 증명을 전개하기 위해서는 다음을 입증할 필요가 있다.

첫째, 예수는 십자가에서 죽었는가?

둘째, 장사 지낸 후 예수의 무덤이 실제로 비어 있었는가?

셋째, 예수는 그 후에 사람들에게 나타났는가?

* * *

첫째, 기절이 아니라 십자가에서 죽으신 것이 맞다.

예수의 죽음에 대한 역사적, 고고학적, 의학적 자료를 광범위하게 연구했던 저명한 의사로서 알렉산더 메드럴 박사가 있다.

그는 플로리다의 마이애미대학에서 의학을 공부했고 영국의 브리스톨대학에서 공학 박사 학위를 받았다. 그의 이력을 통해 짐작할 수 있듯이, 메드럴 박사는 과학적인 엄밀함을 가지고 이야기한다.

그의 의학적 진단은 미국 방사능학회가 공인하고 있으며, 그는 미국 메릴랜드 주 베데스다에 있는 국립보건원 소속 국립 심장·폐·혈액 연구소의 전문의로 일하고 있다.

그는 수십 년간의 연구 생활에서 터득한 전문 직업의식으로 예수의 죽음에 대해서도 단지 객관적 사실(facts)만을 말할 뿐이었다.

메드럴 박사의 주장

십자가를 지고 갈보리 언덕으로 가기 전 예수는 로마 군인들에게 무시무시하게 잔인한 채찍질을 당했습니다. 당시 채찍은 보통 39개의 가닥으로 이루어져 있었으며, 땋은 가죽으로 되어 있었고 그 안에는 쇠구슬이 박혀 있었습니다.

채찍으로 몸을 때리면 구슬들 때문에 깊은 상처나 멍이 생겼고, 채찍질을 계속하면 상처 난 곳이 벌어지기 시작합니다. 또 채찍에는 날카로운 뼛조각들이 박혀 있기 때문에 채찍질을 하면 살이 심하게 찢겨 나갔습니다.

채찍질이 계속되면, 피부 밑에 있는 골격 근육까지 찢기게 되고, 찢겨진 살은 피범벅이 된 채로 리본처럼 덜렁덜렁 매달려 있게 됩니다.

3세기의 역사가였던 유세비우스는 태형에 대해 "태형을 당하는 사람의 정맥이 밖으로 드러났고 근육, 근골 그리고 창자의 일부가 노출되었다"라고 설명했습니다.

제가 알기로는, 많은 사람들이 십자가에 달리기 전에 채찍질만으로도 죽었습니다. 죽지는 않더라도, 희생자는 극도의 고통을 느끼게 되고 '혈액량 감소성 쇼크' 상태에 빠십니다.

이 쇼크는 어떤 사람이 많은 피를 흘리고 나서 고통을 겪는 상태를 의미합니다.

예수님은 끔찍한 채찍질을 당했기 때문에 손과 발에 못이 박히기 전에 이미 위독한 상태였습니다.

예수는 눕혀진 후에 십자가의 가로 들보 위로 팔을 뻗친 상태에서 못 박혔습니다. 로마 군인들은 13cm에서 18cm 정도 되는 끝이 가늘고 뾰족한 대못을 사용해서 손목에 박았습니다. 손목에 못을 박아야 손이 단단하게 고정됩니다.

또 하나 중요한 사실은, 중추 신경이 지나가는 위치에 못이 박혔다는 것입니다. 그 신경은 손으로 나가는 가장 큰 신경인데 못이 그곳을 내리치면 완전히 파괴됩니다.

펜치로 그 신경을 잡고 비틀어서 뭉갠다고 생각해 보십시오. 그때 느끼는 고통이 예수님께서 경험했던 고통과 비슷합니다. 사람이 그 고통을 이겨 내기란 불가능합니다. 말로 표현할 수 없는 고통이거든요.

그다음 예수님의 발에 못이 박혔고, 다시 한번 발에 있는 신경이 완전히 으깨졌고 손목에 못이 박혔을 때와 비슷한 고통을 느끼셨을 겁니다.

십자가에 매달렸을 때, 가장 먼저 예수의 팔이 늘어났고, 아마 15cm 정도 늘어났을 겁니다. 그리고 양쪽 어깨가 탈골됩니다. 그리고 이것은 십자가 사건이 일어나기 수백 년 전에 구약성경 시편 22편의 내용, "내 모든 뼈는 어그러졌으며"라는 예언의 성취이기도 합니다.

예수 죽음의 직접적인 원인은 무엇일까?

일단 희생자가 십자가에 수직으로 매달리게 되면 질식하면서 서서히 고통스럽게 죽게 됩니다. 질식의 이유는 근육에 충격이 가해지면서 횡격막이 숨을 들이쉬는 상태로 만들어지기 때문입니다.

호흡수가 점점 줄어들기 시작하면 희생자는 소위 호흡 산독증(혈액 속에 있는 이산화탄소가 탄산으로 분해되면서 혈액의 산성이 증가하는 것)에 빠집니다. 이렇게 되면 결국 심장 박동이 불규칙적이 되고 그때 예수님은 죽음이 임박했다는 사실을 아셨을 겁니다.

그래서 "아버지여, 내 영혼을 아버지 손에 부탁하나이다"라고 말씀하실 수 있었습니다. 그리고는 심장이 정지되면서 돌아가셨습니다.

또 한 가지 중요한 사실이 있습니다. 예수님이 돌아가시기 전에 혈액량 감소성 쇼크는 심장 박동 수를 지속적으로 빠르게 만들었습니다. 이것도 심장을 정지시킨 원인 중의 하나였죠. 그렇게 되면 심장 주위에 있는 막 조직에 액체가 고이는, 심낭 삼출이 일어납니다. 그리고 폐 주위에도 액체가 고이는데 이것은 늑막 삼출이라고 불리죠.

로마 군인들이 와서 예수님이 돌아가셨다는 것을 알고서, 오른쪽 옆구리를 창으로 찔러서 확인했던 사건이 성경에 묘사되어 있습니다.

창은 아마도 오른쪽 옆구리, 갈비뼈 사이였을 것입니다. 창은 오른쪽 폐와 심장을 꿰뚫었습니다. 그래서 창을 뺄 때 물처럼 보이는 액체가 흘러 나왔습니다. 요한이 복음서에서 증거하고 있는 것(요한복음 19:34)처럼, 물처럼 투명한 액체가 흘러나온 다음에 많은 양의 피가 쏟아졌을 것입니다.

이 시점에서 예수님은 분명히 돌아가셨습니다. 이것은 의심할 수 없는 사실입니다. 기절 이론은 아무런 근거도 없는 허무맹랑한 이론입니다.

* * *

불가능한 일이 일어나서 예수가 어떻게든 십자가에서 살아남았다고 추측해 볼 때, 그가 제자들을 찾아냈을 때 의학적으로 그의 몸은 어떤 상태였을까?

* * *

다시 한번 강조하지만 예수님이 십자가에서 살아남았을 가능성은 절대로 없습니다. 그렇지만 만약 살아남았다고 칩시다.

그러나 못이 박혀서 구멍이 뚫린 발로 어떻게 걸을 수 있었겠습니까? 어떻게 잠시 후에 멀리 떨어져 있는 엠마오 도상에 나타날 수 있었겠습니까? 이미 탈골되어 버린 팔을 어떻게 사용했을까요? 또한 등에 심한 상처가 있었고 창이 그의 허리를 찔렀다는 사실을 기억하십시오.

들어 보십시오.
그렇게 애처로운 상태에 있는 예수님을 만난 후에, 밖에 나가 "예수가 죽음을 이기신 생명의 주님이시다"라고 선포할 제자가 어디 있겠습니까?

몸 안에 있는 피를 다 쏟고 그렇게 끔찍한 상처를 입은 후였기 때문에 아마 무척 애처로운 모습이었을 겁니다. 그런 모습을 본 제자들이 죽음을 이기신 승리자라고 그에게 환호할 수는 없습니다. 오히려 반대로 미안함을 느끼면서 그를 간호하려고 애썼을 겁니다.

따라서 예수님께서 그렇게 흉측한 모습으로 제자들에게 나타났는데도, 제자들이 언젠가는 자신들도 예수님처럼 부활한 몸이 될 것이라는 희망을 품고서 세세석인 조직을 만드는 일에 착수했다고 생각하는 것은 터무니없는 생각입니다.

* * *

메드럴 박사의 결론은 그 주제에 대해 깊게 연구한 다른 의사들의 연구 결과와 일치한다.

그들 가운데 윌리엄 D. 에드워즈 박사는 《미국 의학협회저널》에 기고한 논문에서 다음과 같이 결론지었다.

"역사적, 의학적 증거들을 살펴볼 때 예수는 창에 허리를 찔리기 전에 분명히 죽어 있었다…. 따라서 예수가 십자가 위에서 죽지 않았다는 가정에 기반을 둔 해석들은 현대 의학적 관점에서 볼 때 잘못된 주장이다."

* * *

둘째, 장사 지낸 후 예수의 무덤은 텅 비어 있었다.

오늘날 대부분의 신약 학자들은 예수를 장사 지낸 이야기는 근본적으로 신뢰할 수 있는 내용이라는 데 동의한다.

케임브리지대학의 신약 학자 존 로빈슨은 예수를 장사 지낸 이야기는 역사적 예수에 관한 사실로 확실하게 입증된 내용 중 하나라고 말한다.

빈 무덤은 지금까지 부활의 상징으로 여겨져 왔으며, 사도 바울은 고린도전서 15:17에서 부활이야말로 기독교 신앙의 핵심이라고 말했다.

"그리스도께서 다시 살아나신 일이 없으면 너희의 믿음도 헛되고 너희가 여전히 죄 가운데 있을 것이요."

신학자 제럴드 오콜린스는 그것을 다음과 같이 설명했다.
"엄밀한 의미에서, 부활이 없는 기독교는 단지 미완의 기독교가 아니다. 그것은 기독교가 아니다."

예수의 부활이 사실임은 최초의 부활절 아침에 무덤이 비어 있었다는 것이 결정적인 증거라는 것이다.

이에 대한 증명을 위해서 부활에 관한 세계 최고의 전문가로 널리 알려진 윌리암 레인 크레이그 교수가 있다.

크레이그 교수는 약 8천 명의 군중과 전국적으로 100개 이상의 라디오 방송국의 현장 중계를 청취하고 있는 무수히 많은 사람들 앞에서 기독교를 변론한 바 있다.

그 논쟁은 일방적으로 끝났나. 그 밤에 강당에 모여 있던 자타가 공인하는 무신론자, 불가지론자, 회의론자 중 82%라는 압도적인 숫자가 기독교를 변론한 크레이그 교수의 주장이 가장 설득력 있었다고 결론지으면서 강당을 빠져 나갔다.

그리고 비그리스도인으로 참석했던 47명의 사람들이 강당을 나갈 때는 그리스도인이 되어 있었다. 그 자리에 참석했던 사람 중 계속해서 무신론자로 남아 있는 사람은 아무도 없었다.

크레이그 교수의 주장

1세기 유대인 사회에서 여성의 역할을 고려해 볼 때, 복음서가 무덤이 비어 있다는 것을 가장 먼저 발견한 사람들이 다름 아닌 여인들이었다고 기록하고 있는 것은 매우 이상한 일입니다.

당시에는 여성의 지위가 매우 낮았습니다. 매우 천하게 여겼습니다. 그와 같은 사실에 비추어 볼 때, 빈 무덤을 목격한 주요 증인들이 여인들이라는 것은 매우 놀라운 사실입니다.

만약 이것이 후대에 만들어진 전설이었다면, 틀림없이 남성 제자들 곧 베드로나 요한 같은 사람들이 무덤을 발견했다고 기록되었을 것입니다. 빈 무덤을 처음 목격한 증인들이 여인들이었다는 사실은 그들이 '빈 무덤을 발견했던 것'이 진짜라는 것을 말해 준다고 볼 수 있습니다.

이것을 통해서 우리는 복음서 저자들이, 설령 뒤엉켜 있는 사실이라 할지라도 일어난 일을 그대로 정직하게 기록했음을 알 수 있습니다. 여기에서 다시 한번 빈 무덤 이야기가 단지 전설이 아니라 역사적 사실임이 입증됩니다.(…)

그리고 제가 빈 무덤 이야기는 부활 사건 이후 불과 몇 년 안에 기록되었다고 강조했던 것도 바로 그 때문입니다. 부활 사건이 발생한 때와 그 이야기가 기록된 때 사이가 큰 시간차가 없다면 '전설 이론'은 의미가 없어집니다. 비록 빈 무덤 이야기의 세부적인 부분에서는 다소 전설적인 요소가 있다고 할지라도 '역사적인 핵심'은 결코 흔들리지 않습니다.

* * *

모든 시대를 통틀어 가장 뛰어난 법학자 중의 한 명이었던, 케임브리지에서 수학했으며 하버드대학교의 종신 교수였고 런던대학교에서 학장으로 재직했던 노먼 앤더슨 경은, 평생 동안 법률적 관점에서 이 주제를 연구한 끝에 한 문장으로 결론을 내렸다.

"빈 무덤은 부활을 논박하는 모든 이론들을 단숨에 파괴해 버리는 단단한 바위와도 같다"라고.

* * *

셋째, 예수는 부활 후에 정말로 사람들 앞에 나타나셨다.

게리 하버마스

(미시간주립대학에서 박사, 영국 옥스퍼드의 임마누엘대학에서 신학박사, 부활을 주제로 한 7권의 책 저술)

고린도전서 15장 1~8절(…내가 받은 것을 먼저 너희에게 전하였노니…)에서 바울은 이미 이 자료 내용을 고린도 교회에 전해 주었다고 말하고 있다.

부활 사건 후 2년에서 8년, 혹은 AD 32년에서 38년경에 바울이 다메섹(지금의 시리아 수도 다마스커스)이나 예루살렘 중 한 곳에서 이 내용을 받았다고 보는데, 고린도전서가 AD 55년에서 57년 사이 기록된 사실을 볼 때, 부활 사건 후 불과 20~30년도 채 안 된 시기에 쓰였다는 것은, 이것이 대단히 오래된 자료임을 말해 준다.

그러므로 이 자료 내용(부활 등)은 예수께서 베드로와 나머지 제자들뿐만 아니라 야고보나 바울 같은 회의론자, 또 오백여 사람들에게도 나타나셨음을 보여 주는 기독교 초창기의 순수한 증언이다. 바울이 예수께서 자신에게 직접 나타나셨다고 말하고(고전 15:8) 있음을 볼 때, 이는 직접적인 증언을 제공하고 있는 것이다.

그리고 이 자료 내용은 바울이 길거리에 서 있는 아무에게나 가서 받아 온 것이 아니라, 바울 자신이 회심 후 삼 년째에 예루살렘으로 가서 부활 사건의 목격자인 베드로와 야고보에게 직접 받은(갈라디아서 1:18~19) 후에 면밀하게 검토한 후 고린도 교회에 전했다고 본다.

예수를 목격한 다량의 예들은 수없이 많다. 그리고 그것들은 두어 사람이 스쳐 지나가는 어슴푸레한 인물을 목격한 것이 아니다. 예수는 수많은 사람들 앞에 여러 번 나타났고, 몇몇 경우는 서로 다른 복음서에 반복적으로 기록되어 있거나 고린도전서 15장의 자료 내용을 재차 확인해 주고 있다.

사도행전 곳곳에는 예수의 출현이 주기적으로 언급되어 있을 뿐 아니라 상세하게 묘사되어 있다. 그리고 사도들이 이 모든 일의 목격자라는 주제가 거의 모든 문맥 속에 나타나고 있다.

고린도전서 15장에 있는 자료 내용과 비슷한 종류의 여러 자료들이 사도행전 1~5장, 10장, 13장에 포함되어 있는데, 이것들이 예수의 죽음과 부활에 관한 초창기 자료들에 대해 알려 주고 있다.

베드로는 사도행전 2장 32절에서 다음과 같이 말한다. "이 예수를 하나님이 살리신지라 우리가 다 이 일에 증인이로다." 사도행전 3장 15절에서 그는 다시 반복해서 말한다. "생명의 주를 죽였도다. 그러나 하나님이 죽은 자 가운데서 살리셨으니 우리가 이 일에 증인이라."

그리고 사도행전 10장 41절에서는 고넬료에게 자신과 다른 사람들이 "죽은 자 가운데서 부활하신 후 그를 모시고 음식을 먹었다"라고 확신 있게 말한다.

바울도 사도행전 13장 31절에서 "갈릴리로부터 예루살렘에 함께 올라간 사람들에 여러 날 보이셨으니 저희가 이제 백성 앞에서 그의 증인이라"라고 말한다.

게리 하버마스 박사는 단호하게 말한다. "애초부터 부활은 초기 교회가 선포한 메시지의 핵심이었습니다. 여기에는 의심의 여지가 없습니다.

최초의 그리스도인들은 단순히 예수님의 가르침을 확신하는 정도가 아니라 자신들이 직접 부활한 예수님을 목격했음을 확신했습니다. 그것이 그들의 삶을 변화시켰고 교회의 출발을 가져왔습니다. 그리고 그들의 온 마음을 사로잡았습니다."

* * *

저명한 신학자이자 역사가인 칼 브라튼은 다음과 같은 결론을 내린다.

"아무리 회의적인 역사가라 할지라도 다음과 같은 사실에 동의한다. 초기 기독교에 있어서 부활은 실제로 일어난 역사적 사건이었고, 신앙의 근본이었으며, 신자들의 상상력에 의해서 만들어진 신화가 아니었다."

의심의 여지가 없다.

알렉산더 메드럴 박사는 예수가 십자가에서 죽었다는 사실을 생생하게 보여 주었다.

윌리엄 레인 크레이그 교수는 부활절 아침에 무덤은 틀림없이 비어 있었음을 증명했다.

그리고 게리 하버마스 교수는 예수의 제자들을 포함한 많은 사람들이 예수를 목격했고, 직접 만졌고, 함께 식사를 나누었음을 여러 증거들을 통해서 입증했다.

영국의 저명한 신학자인 마이클 그린은 이렇게 말했다. "예수님의 출현은 고대의 어떤 사건보다도 믿을 수 있는 사건이다…. 합리적으로 볼 때 예수께서 출현하셨다는 데는 의심의 여지가 없다. 초기 그리스도인들이 예수님의 부활을 확신했던 이유는 바로 이것이다. '우리가 살아나신 주를 보았노라.' 그들은 확신을 가지고 그렇게 고백했다. 그들은 바로 그가 예수님이라는 사실을 알고 있었다."

* * *

예수 이야기가 전설이라는 주장에 대하여

옥스퍼드대학교의 위대한 고전 역사가인 셔윈-화이트의 논평

그는 고대 세계에서 전설이 확립되는 속도를 이해했다. 그의 결론은 총 2세대에 걸친 시간은 전설이 발달하고 역사적 진실의 핵심을 완전히 지워 버리기에는 충분하지 않다는 것이다.

이제 예수의 경우를 살펴보자.

역사적으로 말해서 그의 텅 빈 무덤에 관한 소식, 부활 후 출현했다는 목격자들의 이야기, 그리고 그가 정말로 하나님의 독생자였다는 확신은 실질적으로 동시에 출현했다.

예수님이 우리 죄를 위해 죽었다는 것을 확증하며 부활 후에 나타내 보인 목격자들의 이름을 나열한 고린도전서 15장은 십자가 처형 이후 수개월 안에 기록되었다.

텅 빈 무덤에 관한 마가복음의 이야기는 그 사건이 일어난 지 몇 년이 안 된 것으로 보이는 자료에서 추출한 것이었다.

예수의 가르침, 기적, 부활을 확증해 주는 복음서는 예수와 동일한 시대에 살았던 사람들의 생애 동안 여기저기 확산되고 있었다.

그러므로 그 사람들은 이야기 안에 날조하거나 허위 내용이 있다면 바르게 수정할 사람들이었다. 그리고 가장 초기의 기독교의 찬송가는 예수의 신성을 확증해 준다.

* * *

블롬보그 교수는 이렇게 요약했다.

"예수의 죽음 후 곧바로 2년 이내에 많은 추종자들이 구속의 교리를 만든 것처럼 보인다. 그리고 그들은 예수가 육체의 형태로 죽은 자 가운데서 다시 살아났다는 것을 확신했으며, 예수를 하나님과 연관시켰고, 그리고 구약성경에서 이 모든 확신에 대한 증거를 찾았다고 믿었다."

* * *

예수를 개인적으로 알고 있었던 사람들이 여전히 생존한 가운데서 예수에 관한 역사적 기록이 완전히 왜곡될 정도의 충분한 시간은 전혀 없었다.

1844년 독일의 신학자 율리우스 뮐러가 역사상 전설이 그렇게 빨리 발달한 한 가지 예만이라도 찾아보라고 도전했을 때, 그 시대와 오늘날까지 있었던 학자들의 대답은 침묵뿐이었다.

* * *

이 후의 남은 것은 각자의 믿음뿐!

- 2022년 06월 25일 토.

김포골에서…

'신약성경 point 읽기4-4'

- 고린도전서(1CORINTHIANS)

그리스도 예수의 부활2(15장)

호접란. 생명의 끈기 2022년 3월 29일 화요일

생명의 끈기

화사함이 온 집안에 가득하다
화사함을 넘는 화사함이다

이 화사함이 곧 스러져 온 집안이 오히려 전보다
더욱 을씨년스럽게 되지는 않을까 했다

그것이 남긴 어둠의 잔상으로…

그러나

뜻밖이다!
생명에 또 생명이다!

끈기 있는 생명의 잉태…
화려한 부활의 연속이다

호접란!

그렇게

이 꽃은

내 가슴에 한껏

부활의 소망을 부어 주었다

지난 ‘성경 point 읽기 4-1(십자가의 길) & 4-2(사랑)’ 그리고 ‘4-3(그리스도 예수의 부활1)’에 이어 이 자리는 15장 ‘부활 장’에 대한 고린도전서의 마지막(그리스도 예수의 부활2) point 읽기다.

개요, 내용 구성, 집필 동기 등은 읽기 4-1을 참조하면 된다.

《부활 논쟁》[37)]

"유명한 무신론자, 신을 믿다!"

2004년 12월 9일 AP 통신은 앤터니 플루의 유신론 선언을 대대적으로 보도했다. 뒤이어 전 세계 방송과 신문, 인터넷 사이트는 앞을 다투어 그에 관한 기사를 내보냈다.

80년 넘게 무신론을 고집해 온 세계적인 철학자는 왜 생의 말년에 이르러 신의 존재를 인정하게 되었나?

2004년 그는 뉴욕 대학에서 열린 심포지움에서 신의 존재를 받아들인다고 선언해 세계를 깜짝 놀라게 했으며, 2007년 '존재하는 신'을 통해 자신의 지적 순례의 여정을 기록했다. 그 후 3년 뒤 2010년 4월, 생을 마감했다.

"지구에서 볼 수 있는 '목표 지향적이고 자기 복제가 가능한' 생명의 기원을 설명해 내는 만족스러운 대안은 무한한 지성을 갖춘 정신 하나뿐이다."

---

37) 앤터니 플루, 게리 하버마스, 데이비드 바게트, 《부활 논쟁》, 2012.06.15. 초판 2쇄, 인물소개 난.

* * *

이 책은 부활에 관한 우리 시대 최고의 대변자(게리 하버마스)와 20세기 가장 유명했던 무신론자(앤터니 플루)를 한자리에 앉힌다.

따뜻한 대화체로 쓰였지만 버릴 내용이 하나도 없다.

두 사람의 논쟁에 대한 데이비드 바게트(편집자)의 논평만으로도 이 책은 충분히 가치 있다.

부활의 역사성을 변호하고자 하는 모든 이에게 이 책을 기꺼이 추천한다. 이는 격조 있는 논쟁의 전형이다.

(J.P. 모어랜드 탤벗 신학교 철학과 교수)

Point

F.F. 부르스 :
《신약사》[38]

예수의 추종자들 중 한 사람이 무장한 하속들에 대해 성급한, 그러나 곧 실패로 끝나 버린 방어를 한 후, 그들은 기가 죽어 모두 줄행랑쳐 버렸다.

유대인 당국을 두려워하여 예루살렘의 모처(某處)에서 그들 중 몇몇이 문을 잠가 놓고 숨어 있는 것을 생각해 보라.

예수가 체포되어 십자가에 못 박혔을 때, 그의 추종자들의 부도덕한 도망은 그 어떤 것보다도 예수와 그가 표상하던 모든 것에 대한 평판을 저하시키는 데 가장 큰 영향을 끼쳤다.

그 후 예수의 부활은 전혀 불시에 그들에게 들이닥친 사건이었다. 그러나 그 부활 사건은 거의 즉각적으로 예수의 제자들을 변화시켜 부도덕하고 겁 많은 패거리의 탈을 벗어 버리고, 삶에의 사명과 목

38) F.F. 부르스(1910~1990), 《신약사》, 기독교문서선교회, 1999.06.30., 232, 233p.

적을 가진 일단의 사람들이 되게 해 주었다.

제자들의 이 '부활 신앙'은 가장 중요한 역사적 사실이다.

부활 신앙은 흩어진 예수의 추종자들을 다시 규합시켜 주었다. 그리고 그가 죽은 지 수 주일 만에 그들은 굳게 결합되고, 기운차며, 번식력이 강한 집단체로 예루살렘에서 나타난 것이다….

전통적으로 '교회'로 번역되는 헬라어 에클레시아(ekklesia)는 히브리어들 중의 하나 또는 아람어 동의어인 케니스타(Kenista)를 반영하고 있고, 그 집단체가 하나님의 참된 남은 백성, 곧 새 시대의 이스라엘이었다는 확신을 표현해 주고 있다.

* * *

구로자끼 고오기찌 :
《완역 신약성서주해 4권》[39]

이 기사는 그리스도 부활에 관한 최초의 기사다.

바울은 여기서 분명하게 그리스도의 육체의 부활을 의미하고 있다. 그리고 역사적 기술로서 이것보다 더 확실한 기술은 없다.

---

39) 구로자끼 고오기찌(흑기행길)(1886~1970), 《완역 신약성서주해 4권》, 박문출판사, 1973.12.01., 121, 122, 134, 135p.

기독교는 영원히 이 확실한 그리스도의 십자가와 부활에 그 근본의 기초를 두고 있는 것이다.

바울은 부활은 움직일 수 없는 사실이며, 우리의 최대의 희망이며, 부활 없이는 기독교의 모든 조직은 무너져 버릴 것이고, 부활이라는 사실이 많은 사람이 생각하는 것처럼 불합리한 것이 아님을 증명하고 있다.

더욱 사도행전을 자세히 읽어 보면 베드로나 빌립이나 스데반이나 그 밖의 제자들도 모두 그리스도의 부활을 그 주요한 사실로서 전도한 것을 알게 될 것이다. 그리고 그들 또한 당연한 결론으로서 자신들의 부활도 믿었던 것이다.

부활은 오늘이나 옛날이나 우리 신앙의 기초이며 소망의 중심이다.

이지적(理知的)인 측면에서 이를 믿을 수 없고 믿지를 못하기 때문에 이 부활의 사실을 부정하려는 사람은,

첫째로, 이지(理知)가 모든 진리를 알 수 있는 것이라는 것을 증명하지 않으면 안 되고,

둘째로, 바울과 그 밖의 사도들의 성실을 부정하지 않으면 안 된다.

그러나 이것은 한층 더 큰 곤란한 일이다.

최근의 생명과학의 진보는 점차로 하나님의 창조력을 인정하기까지 이르는 경향이 보이는 바, 이야말로 과학의 참 진보이다.

* * *

마르틴 루터 : 《루터의 탁상담화Table Talk》[40]

내가 어머니의 품에 안겨 젖을 먹을 때는 앞으로 커서 어떻게 먹고 살 것인지 전혀 개념이 없었습니다.

마찬가지로 이 땅에 사는 동안 우리는 장차 올 세상에 대해 개념이 없습니다.

멸망받는 자들이 이를 가는 것은 하나님께 영원히 버림을 받은 줄 알게 된 악한 양심이 겪는 고통, 즉 절망의 표현입니다

* * *

40) 마르틴 루터(1483~1546), 《루터의 탁상담화Table Talk》, CH북스, 2019.06.14. 2판 1쇄 발행, 455p.

존 칼빈 :
《기독교 강요(중)》[41]

[바라는 부활은 몸의 부활이다: 그리스도의 부활이 그 원형이다]

이 문제는 중대한 것이므로 우리는 주의를 집중하여 아무리 시간이 들더라도 싫증을 내서는 안 된다.

완전히 썩어 버린 몸이 때가 오면 드디어 부활하리라는 것은 믿기 어렵다. 그러므로 영혼 불멸을 말한 철학자는 많아도 육신의 부활을 인정한 사람은 적다.

이 사실은 사람의 마음이 이 일을 이해하기 어렵다는 것을 우리에게 알려 준다.

이 큰 장애물을 믿음이 극복할 수 있도록, 성경은 두 가지 도움을 준다.

하나는 그리스도의 부활과 비교하는 것이고, 또 하나는 하나님이 전능하시다는 사실이다.

그러면 우리는 부활을 생각할 때마다 그리스도의 형상을 눈앞에

---

41) 존 칼빈(1509~1564), 《기독교 강요(중)》, 생명의 말씀사, 1997.08.25. 18쇄 발행, 592~596p.

그려야 한다. 그는 우리에게서 취하신 본성으로 죽을 인간의 생애를 마치시고, 지금은 영생을 얻으셔서 우리의 장차 올 부활을 보증하신다.

우리 모두의 부활의 기초가 되는 그리스도의 부활에 대해서 의심이 생기지 않게 하시기 위해서, 그리스도께서는 여러 번 또 여러 가지 모양으로 그것이 우리에게 입증되도록 하신 것을 우리는 알 수 있다.

제자들은 그리스도를 여러 번 만났고, 그 손과 발을 만져 보기도 하였다(눅24:40, 요20:27).

그리스도께서는 하나님 나라의 신비에 대해서 그들에게 말씀하셨고(행1:3), 드디어 그들의 눈앞에서 하늘로 올라가셨다(행1:9). 이 광경은 열한 제자에게만 보인 것이 아니라 "오백여 형제에게 일시에 보였다."(고전15:6)

그리고 주님께서는 성령을 보내셔서 자신이 살아나신 것뿐만이 아니라 최고의 주 되심을 확실히 증명하셨다.

이것은 "내가 떠나는 것이 너희에게 유익이라 내가 떠나가지 아니하면 보혜사가 너희에게로 오시지 아니할 것이요"라고(요16:7) 이미 예언하신 바와 같다.

부활을 증명하려면 하나님의 무한한 능력을 생각해야 한다고 우리는 이미 말했다. 바울은 간단하게 이 점을 가르친다.

그가 만물을 자기에게 복종케 하실 수 있는 자의 역사로 우리의 낮은 몸을 자기 영광의 몸의 형체와 같이 변케 하시리라(빌3:21).

여기서 우리 앞에 제시된 것은 헤아릴 수 없는 기적이며, 우리의 지각을 압도하는 위대한 기적이다.

만일 우리가 세계 각지에서 볼 수 있는 기적에 올바르게 주의를 기울인다면, 이 사실은 그다지 믿기 어렵지 않을 것이다. 그러나 경이감에 사로잡혀 하나님의 권능에 그 마땅한 영광을 돌리는 사람이 아니면, 장차 올 부활을 참으로 믿을 수 없다는 것을 우리는 기억해야 한다.

* * *

우치무라 간조(내촌감삼) :
《내촌감삼 성서주해 전집 제12권》[42)]

고린도전서 15:3~8

사도 바울은 예수의 십자가에서의 죽음과 장사 지냄과 제삼일에의 육체 부활 사실이 자신이 꾸며 낸 얘기가 아니며, "내가 받은 것을 먼저 너희에게 전하였다"라고 한다.

즉 그리스도와 그 직제자들에게서 받은 바의 것이라 하는 것이다.

그리고 이 모두 '성경대로' 곧 구약성경(이사야서 53장, 요나서, 호세아서 6장 2절 등)에 기록된 대로 이루어졌다는 것이다.

학자들의 연구에 의하면 바울이 이 글을 쓴 것이 AD 55년 말~56년 초로서, 예수 그리스도께서 십자가에 돌아가시고 부활하신 때부터 불과 25~26년 후였다고 한다.

현대에 살고 있는 우리 자신이 생각해 보아도 불과 20여 년 전의 일을 기억하고 기록하기란 그리 어려운 일은 아닐 것이다. 즉 그 시간은 예수의 십자가에서의 죽음과 부활 사건을 역사적 사실로 증명하기에 결코 긴 세월이 아닐 것이라는 얘기다.

---

42) 내촌감삼(1861~1930), 《내촌감삼 성서주해 전집 제12권》, 혜문사, 1981.12.30. 제4판, 178, 210, 211p.

그리스도의 복음은 간단하다.

그 하나는,

하나님이 그 낳으신 외아들을 주시리만큼 세상 사람을 사랑하셨다(요한복음 3:16).

또 하나는,

그리스도 우리 죄 위해 죽으시고 묻히시고 제3일에 다시 살아나셨다(고린도전서 15:3~4)이다.

이것을 제외하고 기독교는 없다.

부활을 부정하는 것은 기독교를 부인하는 것과 같다.

부활은 기독교가 근거하여 서 있는 주석柱石(기둥과 주춧돌)이기 때문이다.

바울의 복음이란 이 간단명료한 복음에 지나지 않는다.

초대 기독교 신자가 받은 것 그리고 이에 서 있는 것 또 이에 의해 구원될 바의 복음은, 이 부활을 기초로 한 것이었다.

부활의 사실 여부는 별도로 하고, 부활의 신앙 없이 기독교가 일어나지 못했을 것은 공평한 역사가 모두가 한 가지로 인정하고 있는 바이다.

* * *

야나이하라 다다오 :
《서신서 강의》[43]

만일 죽은 자에게 부활이 없다면 어떤 결과가 일어나는가?

첫째로 그리스도 자신은 부활하지 않았을 것이다. 이것은 역사적인 사실에 위배될 뿐만 아니라 신앙의 기초에 치명적인 동요가 일어난다.

그리스도가 부활하지 않았다면 그리스도 자신의 생애는 무의미하게 되며, 십자가의 대속(代贖)은 무효가 될 것이다.

그가 죽어서 영원히 무덤 속에 갇혀 있다고 하면, 그 자신뿐 아니라 죽은 인류도 마찬가지로 그 죄를 짊어지고 영원히 무덤 속에 있을 것이다. 그리스도가 무덤에서 해방된 것은, 인류가 죄의 채찍에서 해방된 것을 의미한다.

부활은 십자가의 속죄의 완성이며, 그 화룡점정(畵龍點睛)이다. 이것 없으면 너희의 믿음도 헛되고 너희가 여전히 죄 가운데 있을 것이다(15:17).

---

43) 야나이하라 다다오(1893~1961), 《서신서 강의》, 기독교문화사, 1988.06.30. 초판 발행일, 43, 44p.

둘째로 그리스도가 부활하지 않았다면, 우리의 선교는 헛되고, 우리는 하나님의 위증자(僞證者)가 될 것이다.

인간이 죄에서 구원받아 하나님의 나라가 지상에서 이루어진다는 기독교의 전도는 부활의 신앙을 중심으로 한다.

만일 부활을 부정한다면 기독교는 뼈가 빠지게 되며, 인간적인 이상주의와 다를 바가 없을 것이다.

셋째로 만일 그리스도가 부활하지 않았다면, 그리스도를 믿는 자에게도 부활의 소망은 없다.

우리는 인생의 목표를 부활에 두고, 사는 태도와 생애의 사업도 모두 부활을 중심으로 하고 있기 때문에, 세상 욕심에서 자신의 손과 발과 눈을 절단하여 깨끗한 생애를 보내며, 짓밟혀도 눌리지 않고 온유하고 애통한 자로서 안주하며, 궁핍과 박해를 참고, 의를 위해 고생을 낙(樂)으로 삼는다.

만일 부활이 없다면, 우리의 삶도 죽음도 모두 허무한 공상 위에 세워진 것이 되며, 모든 사람 중에서 가장 가엾은 자가 될 것이다(15:18~19).

부활은 복음의 중심 원리이며, 공사(公私) 간에 신앙생활의 기초이다. 부활의 사실은 복음의 순수성을 밝히 드러내는 원리상의 요청인 동시에 신앙생활의 체험에 의한 확인이다.

* * *

필립 멜란히톤 :
《신학총론(최종판)Loci communes 1555》[44]

부활에 관한 신약성경의 구절들은 잘 알려져 있는 것이므로, 우리는 구약 선지자들의 글에서 몇 가지 중요한 구절들을 언급하고자 한다.

이사야 26:19~21
"주의 죽은 자들은 살아나고 우리의 시체들은 일어나리이다. 티끌에 거하는 자들아 너희는 깨어 노래하라. 주의 이슬의 빛난 이슬이니 땅이 죽은 자를 내어 놓으리로다. 내 백성아 갈지어다. 네 밀실에 들어가서 네 문을 닫고 분노가 지나가기까지 잠깐 숨을 지어다 보라 여호와께서 그 처소에서 나오사 땅의 거민의 죄악을 벌하실 것이라. 땅이 그 위에 잦았던 피를 드러내고, 그 살해당한 자를 다시는 가리우지 아니하리라."

이사야의 이 설교는 분명히 죽은 자의 일어남에 대하여 말하고 있

44) 필립 멜란히톤Philip Melanchthon(1497~1560), 《신학총론(최종판)Loci communes 1555》, 크리스챤 다이제스트, 2010.10.15. 중쇄 발행, 486, 487, 490~494p.

다. 거룩한 자들은 기쁨과 영원한 구원을 얻을 것이고, 불경건한 자들은 영원한 고통을 당할 것이라고 하는 것이다.

또한 이는 이 땅 위에서 교회가 핍박당함도 말하고 있다.

우리는 이런 뛰어나고 참으로 사도적인 선지자들의 설교들을 열심히 상고해 보아야만 한다.

다니엘 12:2

"땅의 티끌 가운데서 자는 자 중에 많이 깨어 영생을 얻는 자도 있겠고, 수욕을 받아서 무궁한 부끄러움을 입을 자도 있을 것이며."

호세아 13:14

"내가 저희를 음부의 권세에서 속량하며, 사망에서 구속하리니, 사망아 네 재앙이 어디 있느냐? 음부야 네 멸망이 어디 있느냐?"("사망아 내가 네 재앙이 되며, 음부야 내가 네 멸망이 되리로다."-영역문 직역)

에스겔 37:12

"보라! 내 백성들아! 내가 너희 무덤을 열고 너희로 거기서 나오게 하고, 이스라엘 땅으로 들어가게 하리라."

에스겔 33:11

"나의 삶을 두고 맹세하노니, 나는 악인의 죽는 것을 기뻐하지 아니하고 악인이 그 길에서 돌이켜 떠나서 사는 것을 기뻐하노라."

시편 16편은 그리스도에 대하여 이렇게 말한다.

"내 영도 즐거워하며 내 육체도 안전히 거하리니, 이는 내 영혼을 음부에 버리지 아니하시며 주의 거룩한 자로 썩지 않게 하실 것임이니이다."(시편 16:9)

욥기 19:25

"내가 알기에는 나의 구속자가 살아계시니, 후일에(at last) 그가 땅 위에 서실 것이라. 나의 이 가죽, 이것이 썩은 후에 내가 몸을 가지고(in my flesh) 하나님을 보리라. 내가 친히 그를 보리니 내 눈으로 그를 보기를 외인처럼 하지 않을 것이라."

이것은 우리가 이 육체 가운데서, 우리가 지금 가지고 있는 이 몸을 가지고 부활할 것이고, 우리의 몸과 전체 본성이 새롭게 되리라고 선언하는 아름다운 구절이다. 마치 바울이 가르치는 것과 같이 말이다.

이 구절은 또한 영생의 본질이 하나님과 모든 피조물을 명확하고 분명하게 알게 되는 것이라고 말한다.

조상들에게 주신 이 모든 하나님의 약속과 예들로부터 우리는 결론적으로 현세의 삶과는 다른 영생이 있음을 말할 수 있다. 하나님께서 조상들에게 주신 이 모든 신적 약속들은 부활과 영생을 간접적으로 포함한다.

현세의 삶에서는 가장 위대하고 가장 고귀한 성도들도 슬픔과 가슴의 비참함을 경험하고, 그럴 때는 마치 하나님께서 그들을 버린 것 같고, 그들에게 관심을 기울이지 않으시는 것처럼 보일 수도 있다.
그렇기에 하나님께서 성도들에게 영원한 위로와 영생의 기쁨을 주셔서 그들로 기쁨을 누리게 하실 다른 생명(another life)이 있다는 것이 분명하다.

모든 성도들은 이런 확신에서 모든 환난과 비참함을 견디며, 영생의 끝없는 보화와 말할 수 없는 위로를 인내 가운데 기다린다.

에녹과 엘리야는 산 채로 현세에서 하나님께로 취하여졌다. 이는 하나님께서 우리에게 영생의 가시적(可視的) 증거를 주기 원하셨기에 일어난 것이다.

만일 현세만 있고 내세가 없는 것이라면, 그들은 하나님과 함께 있을 수 없기 때문이다. 그러나 그들은 하나님과 함께 있는 것이니, 이는 새롭고 신적이며, 영원한 삶 가운데서 사는 것을 의미한다.

이런 공개적인 예들은 하나님의 말씀이나 약속들만 있는 것보다 더 분명한 시사를 주는 것이다.

* * *

이제 우리 각자에게 던져지는 질문만이 남아 있다.
'내게 과연 부활의 믿음은 있는가?'

- 2022년 07월 04일 월.
김포골에서…

'신약성경 point 읽기5'

- 고린도후서(2CORINTHIANS)

오늘을 위한 '빈자리' 2022년 8월 25일 목요일

한 해의 유감(有感)

110년만의 공포스런 수마(水魔)가 이 나라 온 구석구석을 휘젓고 다니며 찢고 할퀴며 그와 더불어 폭염이 우리의 육신을 몹시도 괴롭히더니 그도 시절을 이기지 못함인가, 입추(立秋)가 훌쩍 넘어서고 엊그제 처서(處暑)가 지나니 이제는 아침저녁으로 제법 서늘한 바람마저 온몸에 감긴다.

2022년 이 한 해도 얼마 남지 않은 시간!

어제와는 완연히 다른 오늘의 '그 무엇'을 채우기 위한 '빈자리'가 요긴할 때이다….

개요

고린도후서는 신약성경 27권 중 다섯 번째로 기록되었으며 바울 서신 중 다섯 번째 서신이다.

고린도후서

- 구성: 총 13장 256절
- 저자: 사도 바울
- 기록 장소: 바울이 고린도 교회의 일을 근심하여 드로아에서 마케도니아로 건너가(2:12~13) 그곳에서 디도를 만나 보고를 받고(7:5~8) 본 서신을 써서 디도 편에 발송했음(8:16~24)을 볼 때, 기록 장소는 마케도니아 지역 중 빌립보일 것으로 추정됨.
- 기록 시기: 바울이 에베소에서 고린도전서를 보낸 뒤(AD 55년 말~56년 초순경) 얼마 지나지 않은 시점, 아마 1년 이내의 시기에 기록된 것으로 보면, 대략 AD 56년 후반(가을)으로 본다.

고린도후서의 특징

본서는 바울의 편지 중에서 가장 감정적이며 문장도 이론적이 아니고 질서 정연하지 못하기 때문에 이해하기 어려우며 또 이 편지의 역사적 배경도 확실하지 않으므로 바울의 편지 가운데서 가장 난해한 것으로 보인다.

그러나 고린도 신도들에 대한 절절한 애정을 통하여 신앙에 지배되고 있는 인간 바울을 가장 생생하게 보여 주고 있다는 것이 본서의 특징이라고 할 수 있다.[45]

고린도후서의 내용 구성

- 서언(1:1~11)
- 바울의 자기변명(1:12~6:13)
- 그리스도인의 생활 태도(6:14~9:15)
- 바울의 자랑(10:1~12:18)
- 본서를 쓰는 목적(12:19~13:10)
- 결론(13:11~13)

45) 구로자끼 고오기찌(흑기행길), 《완역 신약성서주해 4권》, 박문출판사, 1973.12.01., 2p.

집필 동기·목적

바울은 에베소에서 고린도전서를 보냈으나 그 편지는 그가 책망했던 것들을 억제시키지 못하고 바라던 만큼의 효과를 거두지 못하였다.

디모데가 그곳에 갔음에도 불구하고 그가 바울의 지시를 강력하게 이행하지 못하였는바, 바울은 자신이 직접 그 고린도 교회를 찾아가는 것 이외에는 다른 방책이 없겠다는 생각으로 근심을 가지고 두 번째로 고린도 교회를 방문(2:1)하였다(이 두 번째 방문에 대해서는 사도행전이나 다른 편지에도 나와 있지 않지만, 본서에 바울 자신이 '세 번째 너희에게 가기를 준비'(12:14, 13:1)했다는 사실로 추론할 수 있다).

그러나 그 교회를 직접 찾아간 것은 바울과 그곳의 회심자들에게 다 같이 고통스러운 경험만을 남겨 주었다.

바울에 대한 반대가 무르익기 시작하였고 특히 그 교회의 한 신자는 바울의 권위에 도전하는 데 주도적인 역할을 하였다. 다른 사람들은 바울을 변호하기 위한 효과적인 행동을 취하지도 아니하였다. 그리하여 바울은 큰 굴욕을 당하고 고린도를 떠나야만 했다(2:1-근심에 찬 방문).

그러나 바울은 고린도의 그런 상황을 그대로 내버려 둘 수가 없어, "마음에 큰 눌림과 걱정이 있어 많은 눈물로"(2:3~4) 그 교회에 보낼 준엄한 편지를 작성하여 디도편에 발송(이 편지는 오늘날 남아 있지 않다)하였으나, 디도로부터 소식이 없어 더 이상 기다릴 수 없게 된 바울은 드로아에서 마케도니아로 건너가(2:12~13) 그곳에서 디도를 만나(7:5~7) 고린도 교회의 실상을 들을 수 있었다.

그 보고는 기쁜 소식도 있고 다소 불평스런 소식도 있었으나 대체로 화해의 분위기가 지배적이었다.

곧, 그들이 바울의 눈물의 편지를 읽고 회개한 일(7:9), 간절히 바울을 사모하고 있는 것 등(7:7)의 기쁜 소식은 바울에게 큰 힘을 주었다.

그에 대하여 낱낱이 친절하게 해명하고 고린도 교회와 바울 사이의 애정을 회복하려고 자신의 소견을 허심탄회한 사랑의 마음을 담아 분명하게 밝히기 위해 쓴 편지가 바로 이 고린도후서의 내용이다.[46][47]

---

46) F.F. 부르스, 《바울신학》, 기독교문서선교회, 1999.07.31., 290p.

47) 구로자끼 고오기찌(흑기행길), 《완역 신약성서주해 4권》, 박문출판사, 1973.12.01., 1p.

성경 읽기

(1장)

형제들아 우리가 아시아에서 당한 환난을 너희가 알지 못하기를 원치 아니하노니 힘에 지나도록 심한 고생을 받아 살 소망까지 끊어지고(1:8)

우리 마음에 사형 선고를 받은 줄 알았으니 이는 우리로 자기를 의뢰하지 말고 오직 죽은 자를 다시 살리시는 하나님만 의뢰하게 하심이라(1:9)

그가 이같이 큰 사망에서 우리를 건지셨고 또 건지시리라 또한 이후에라도 건지시기를 그를 의지하여 바라노라(1:10)

(2장)

항상 우리를 그리스도 안에서 이기게 하시고 우리로 말미암아 각처에서 그리스도를 아는 냄새를 나타내시는 하나님께 감사하노라(2:14)

우리는 구원 얻는 자들에게나 망하는 자들에게나 하나님 앞에서 그리스도의 향기니(2:15)

이 사람에게는 사망으로 좇아 사망에 이르는 냄새요 저 사람에게는 생명으로 좇아 생명에 이르는 냄새라 누가 이것을 감당하리요(2:16)

(3장)

우리가 이같은 소망이 있으므로 담대히 말하노니(3:12)

우리는 모세가 이스라엘 자손들로 장차 없어질 것의 결국을 주목치 못하게 하려고 수건을 그 얼굴에 쓴것 같이 아니하노라(3:13)

그러나 저희 마음이 완고하여 오늘까지라도 구약을 읽을 때에 그 수건이 오히려 벗어지지 아니하고 있으니 그 수건은 그리스도 안에서 없어질 것이라(3:14)

오늘까지 모세의 글을 읽을 때에 수건이 오히려 그 마음을 덮었도다(3:15)

그러나 언제든지 주께로 돌아가면 그 수건이 벗어지리라(3:16)

주는 영이시니 주의 영이 계신 곳에는 자유함이 있느니라(3:17)

우리가 다 수건을 벗은 얼굴로 거울을 보는것 같이 주의 영광을 보매 저와 같은 형상으로 화하여 영광으로 영광에 이르니 곧 주의

영으로 말미암음이니라(3:18)

(4장)

어두운데서 빛이 비취리라 하시던 그 하나님께서 예수 그리스도의 얼굴에 있는 하나님의 영광을 아는 빛을 우리 마음에 비취셨느니라(4:6)

우리가 이 보배를 질그릇에 가졌으니 이는 능력의 심히 큰 것이 하나님께 있고 우리에게 있지 아니함을 알게 하려 함이라(4:7)

우리가 사방으로 우겨쌈을 당하여도 싸이지 아니하며 답답한 일을 당하여도 낙심하지 아니하며(4:8)

핍박을 받아도 버린바 되지 아니하며 거꾸러뜨림을 당하여도 망하지 아니하고(4:9)

우리가 항상 예수 죽인 것을 몸에 짊어짐은 예수의 생명도 우리 몸에 나타나게 하려 함이라(4:10)

우리 산 자가 항상 예수를 위하여 죽음에 넘기움은 예수의 생명이 또한 우리 죽을 육체에 나타나게 하려 함이니라(4:11)

그런즉 사망은 우리 안에서 역사하고 생명은 너희 안에서 하느니라(4:12)

모든 것을 너희를 위하여 하는 것은 은혜가 많은 사람의 감사함으로 말미암아 더하여 넘쳐서 하나님께 영광을 돌리게 하려 함이라(4:15)

그러므로 우리가 낙심하지 아니하노니 겉사람은 후패하나 우리의 속은 날로 새롭도다(4:16)

우리의 잠시 받는 환난의 경한 것이 지극히 크고 영원한 영광의 중한 것을 우리에게 이루게 함이니(4:17)

우리의 돌아보는 것은 보이는 것이 아니요 보이지 않는 것이니 보이는 것은 잠간이요 보이지 않는 것은 영원함이니라(4:18)

(5장)

만일 땅에 있는 우리의 장막 집이 무너지면 하나님께서 지으신 집 곧 손으로 지은 것이 아니요 하늘에 있는 영원한 집이 우리에게 있는 줄 아나니(5:1)

과연 우리가 여기 있어 탄식하며 하늘로부터 오는 우리 처소로 덧입기를 간절히 사모하노니(5:2)

이러므로 우리가 항상 담대하여 몸에 거할 때에는 주와 따로 거하는 줄을 아노니(5:6)

이는 우리가 믿음으로 행하고 보는 것으로 하지 아니함이로라(5:7)

우리가 담대하여 원하는 바는 차라리 몸을 떠나 주와 함께 거하는 그것이라(5:8)

그런즉 누구든지 그리스도 안에 있으면 새로운 피조물이라 이전 것은 지나갔으니 보라 새것이 되었도다(5:17)

(12장)

여러 계시를 받은 것이 지극히 크므로 너무 자고하지 않게 하시려고 내 육체에 가시 곧 사단의 사자를 주셨으니 이는 나를 쳐서 너무 자고하지 않게 하려 하심이니라(12:7)

이것이 내게서 떠나기 위하여 내가 세번 주께 간구하였더니(12:8)

내게 이르시기를 내 은혜가 네게 족하도다 이는 내 능력이 약한데서 온전하여짐이라 하신지라 이러므로 도리어 크게 기뻐함으로 나의 여러 약한 것들에 대하여 자랑하리니 이는 그리스도의 능력으로 내게 머물게 하려함이라(12:9)

그러므로 내가 그리스도를 위하여 약한 것들과 능욕과 궁핍과 핍박과 곤란을 기뻐하노니 이는 내가 약할 그 때에 곧 강함이니라(12:10)

Point

F.F. 부르스 :
《바울신학》[48)]

(3:12~18)
바울은 구약성경을 파기하지 않았다. 그에게 있어서 구약성경은 거룩한 경전이었고(롬1:2), 그가 알고 있는 유일한 성경이었다.

그는 그것을 "율법과 선지자"(롬3:21)라고 불렀고, "하나님의 말씀"이라고 묘사했다(롬3:2). 구약성경은 그리스도 안에서 성취를 보았고 그 의미가 분명해졌다.

사람들이 만일 이 열쇠를 사용하지 않고 구약을 읽으며 그 의미를 열어 보려고 한다면 그들의 마음에는 아직도 수건이 벗어지지 않고 있는 것이다(고후3:15).

바울이 더욱 구약에 중요한 가치를 두는 이유는 구약이 그리스도를 믿음으로 말미암아 얻는 칭의(稱義, justification)에 대해서 증

48) F.F. 부르스(1910~1990), 《바울신학》, 기독교문서선교회, 1999.07.31., 13~15p.

거하고 있기 때문이다.

구약 안에서 아브라함에게 미리 선포된 복음은 사도 바울이 선포하라고 위임받은 복음이지 결코 그가 최신에 창안한 복음이 아니었다.

그리고 바울은 결코 오는 심판을 부인하지 않았다. 이 도덕적 우주에는 신적 보응이 반드시 있다는 것을 기억해야 한다.

바울은 그리스도를 사랑함이 삶의 가장 강력한 능력이라는 것을 확실히 알았을 것이다. 사랑이 강력한 능력으로 작동할 때, 의(義)를 실행하는 데 긴장도, 갈등도, 속박도 느낄 수 없을 것이다.

예수님의 사랑에 강권되고, 성령의 권능으로 채움받은 사람은 마음으로부터 하나님의 뜻에 순종하게 된다.

왜냐하면, 바울이 체험적으로 깨달은 바와 같이 "주의 영이 계신 곳에는 자유함이 있기"(고후3:17) 때문이다.

* * *

구로자끼 고오기찌 :
《완역 신약성서주해 4권》[49)]

(3:12~18)
유대인은 구약성서를 문자로서 읽고 있었으며 그 문자에 속박되어 있었다.

그 이유는 그들 마음에 수건이 걸려 있었고, 또 구약성서 위에도 같은 수건이 덮여 있었기 때문이다.

그러므로 만일 기독교인이 성서에 대하여 꼭 같이 문자적으로 해석하려고 하면 성서를 죽이고 마는 것이다.

성서는 영(靈)을 가지고 읽음으로써 비로소 그 참 의의를 알 수 있다.

(4:6~15)
기독교 신자에 있어서 고난은 당연한 것인 동시에(요15:19~20, 마5:11) 또 필요하다(히12:5~13).

그렇지만 복음의 전도자에게는 그것이 한층 더 필요하며, 육체의 고난과 죽음과의 사이에서 그리스도의 생명의 빛을 더욱 빛내며 많

---

49) 구로자끼 고오기찌(흑기행길)(1886~1970), 《완역 신약성서주해 4권》, 박문출판사, 1973.12.01., 23, 29p.

은 사람들에게 예수의 생명을 나눠 줄 수 있는 것이다.

육신의 연약함, 추함, 그 고난, 박해 등 이 세상눈으로 보아서 복음의 전도자에게 맞지 않는 모든 것이 도리어 그에게 없어서는 안 될 것으로서, 이로 말미암아 하나님의 영광을 드러낼 수 있음이다.

* * *

우치무라 간조(내촌감삼) :
《내촌감삼 성서주해 전집 제12권》[50]

(4:16)
겉의 나란 나의 육체이다. 나의 가족이다. 나의 사회이다. 나의 나라이다. 나의 영혼 이외의 모든 것과 모든 관계이다.

이에 대하여, 속의 나는 나의 영혼이다. 나의 의지이다. 나의 사상이다. 나의 영혼의 어버이이신 영이신 하나님과의 관계이다.

"사람의 속에는 영이 있고 전능자의 숨결이 사람에게 깨달음을 주시나니."(욥32:8)

---

50) 내촌감삼(1861~1930), 《내촌감삼 성서주해 전집 제12권》, 혜문사, 1981.12.30. 제4판, 257, 259p.

사람은 하나님과 함께 혼자 설 수 있다. 그의 중심은 속사람인 것으로서 겉 사람은 아니다.

그러므로 겉 사람이 무너져도 속사람이 무너지지 않을 뿐더러, 겉 사람이 무너지면 그 반대로 속사람은 날로 날로 생장한다. 날로 날로 새로워지는 것이다.

하나님께서 창조하신 모든 것 중에서 사람만은 환경의 자녀가 아니다. 그만이 죽음을 이길 수 있다. 하나님께 의지할 때, 사람은 환경의 지배자이며 그 노예는 아니다.

* * *

존 칼빈 :
《기독교 강요(중)》[51]

(5:1~10)
그리스도인임을 자랑하는 많은 사람들이 죽음을 원하기는 고사하고 죽음에 대한 공포심에 사로잡혀, 말만 듣고서도 어떤 지극히 비참하고 불길한 그 무엇인 듯 벌벌 떠는 것은 이상한 현상이다.

---

51) 존 칼빈(1509~1564), 《기독교 강요(중)》, 생명의 말씀사, 1997.08.25. 18쇄 발행, 235, 236p.

우리가 죽어 없어진다는 말을 들을 때에 우리의 자연적인 지각이 공포로 흥분한다는 것은 이상한 일이 아니다.

그러나 그리스도인이 더 큰 위안으로 그런 공포심을 극복하고 억제하지 못한다는 것은-그런 경건의 광명이 마음속에 없다는 것은 도저히 참을 수 없는 일이다.

우리의 이 육체라는 장막은 불안전하고 불완전하며 썩을 것, 곧 없어질 것, 쇠퇴하는 것, 썩어 가는 것이지만, 분해된 후에는 곧 새로워져서 견고하고 완전하여 썩지 않는 영광으로 결국은 하늘의 영광으로 빛나리라고 생각한다.

신자들이 죽음을 향해서 열심히 가고 있는 것은 옷을 벗고 싶어서가 아니라 더 완전한 옷을 입기를 갈망하기 때문이라고(5:2~3) 바울은 적절히 가르친다.

그리스도의 학교에 들어가 있으면서도 자기의 죽는 날과 종말의 부활을 기쁘게 기다리지 않는다면, 그는 진보가 없는 사람이라고 생각한다.

(12:7~10)[52]

하나님께서는 원하시는 대로 자유롭게 악령들을 굴복시키며 저들의 활동을 지배하시기 때문에, 하나님께서는 저들로 하여금 신자들과 싸우게 하심으로써 신자들을 훈련시키시고 그들을 기습하게 하시며 그들의 평안을 깨뜨리게 하시고, 공포에 떨게 하시며…

…신자들은 이 악령으로 말미암아 마음의 불안을 갖기 때문에 다음과 같은 권고에 주의하지 않으면 안 된다.

"근신하라. 깨어라. 너희 대적 마귀가 우는 사자같이 두루 다니며 삼킬 자를 찾나니."(벧전5:8~9)

바울은 자기의 교만을 억누르는 수단으로 사탄의 사자를 주셨다(12:7)라고 주장함으로써 자신도 이런 종류의 싸움을 면한 것이 아니라고 고백하였다.

그러므로 이런 훈련은 하나님의 모든 자녀(신자)들에게 공통된 것이다.

그러나 사탄의 머리를 상하게 한다는 약속(창3:15)은 그리스도와 그의 지체인 모든 신자들에게 공통적으로 해당되는 것이기 때문에, 신자들이 사탄에게 정복된다거나 압도당한다는 것은 있을 수 없다고 나는 생각한다.

52) 존 칼빈, 《기독교 강요(상)》, 생명의 말씀사, 1994.01.30. 13쇄 발행, 277p.

분명히 신자들은 자주 근심에 빠지지만 회복할 수 없을 정도로 정신을 잃지는 않는다.

심한 타격을 받아 쓰러지기도 하지만 후에 다시 일어난다. 상처를 받기는 하지만 치명적인 상처는 아니다.

요컨대 신자들은 전 생애를 통해 수고하여 마침내는 승리를 거두게 되는 것이다.

- 2022년 08월 25일 목.

김포골에서…

인물소개

성 아우구스티누스
(St Augustine, 354~430)[53]

북아프리카 타가스테에서 태어났다(354년). 어머니 모니카는 독실한 그리스도인이었으나, '지혜에 대한 사랑'(철학)에 매료된 청년 아우구스티누스는 진리를 찾아 끊임없이 방황하는 삶을 살았다.

한때 마니교와 회의주의에 빠지기도 했던 그는 밀라노의 수사학 교수로 임명되면서 출셋길에 올랐다.

밀라노에서 접한 신플라톤 철학, 암부로시우스 주교의 설교 등을 통해 그리스도교에 눈을 뜨기 시작했으나, 머리로 이해한 그리스도교 진리를 아직 믿음으로 받아들이지 못한 채 엉거주춤 망설이며 살아가다가, 마침내 바울의 로마서를 읽으면서 회심하였고(386년), 교수직과 재산을 미련 없이 버리고 고향으로 돌아가 소박한 삶을 엮어가던 그는 뜻하지 않게 히포 교구의 사제(391년)와 주교(395년)로 서품되었다.

40년 가까이 하나님과 교회를 섬기다가 일흔여섯의 나이로 세상

---

53) 성 아우구스티누스, 《하나님의 도성》, 크리스챤 다이제스트, 2000.05.15. 중판 발행, 인물소개

을 떠났다(430년).

《고백록Confessiones》을 비롯한 수많은 저술과 극적이고 치열한 삶은 그리스도교 철학과 신학에 엄청난 영향을 끼쳤다. 그리스 철학 체계 속에 그리스도교 진리를 깔끔하게 정리해 냄으로써 '서양의 스승'이라고도 불린다.

마르틴 루터
(Martin Luther, 1483~1546)[54]

독일의 아이슬레벤에서 태어난 마르틴 루터는 종교개혁의 문을 연 신학자로 유명하다.

그는 아버지의 권유에 따라 법률 공부를 시작했다. 그러나 슈토테르하임에서 벼락을 만난 사건을 계기로 수도사가 되기로 서원하고, 아우구스티누스 수도회에 입회하여 1507년 사제로 서품받는다.

촉망받는 신학자였던 그는 로마교회의 개혁을 촉구하는 〈95개 조항〉을 비텐베르크 대학교 부속 예배당 정문에 게시(1517년 10월 31일)하여 교황의 권위에 도전함으로써 로마교회와 완전히 결별했다.

위대한 개혁자 루터는 자신의 신념을 '오직 믿음(Sola Fide)', '오직 은혜(Sola Gratia)', '오직 성경(Sola Scriptura)'으로 분명하게 표명했다.

그는 신약성경을 독일어로 번역함으로써 성경의 대중화를 이끌고, 표준 독일어 형성에 이바지했다. 그리고 활발한 저술 활동으로

54) 마르틴 루터, 《루터의 탁상담화》, CH북스, 2019.06.14. 2판 1쇄, 인물소개

교육, 문화, 사회복지, 법, 정치를 아우르는 종교개혁의 이론적 토대와 방향을 제시했다.

루터는 수많은 책을 집필했는데, 그중 '루터의 종교개혁 3대 논문'이라 불리는 〈그리스도인의 자유〉, 〈교회의 바벨론 포로〉, 〈독일 민족의 귀족에게 호소함〉이 그의 종교개혁적 성향이 잘 드러난 저술로 꼽힌다.

필립 멜란히톤
(Philip Melanchthon, 1497~1560)[55]

필립 멜란히톤은 400년 이상이나 연구자들을 당혹하게 하는 수수께끼를 제기하는 사람이라고 할 수 있다.

그는 개신교 종교개혁의 최초의 조직 신학자로, 고대 로마 시대 이후로 최초의 공식적 학교 제도의 수립자로, 개신교 대학들에서 뿐만 아니라 카톨릭에서도 교육을 장려함을 통한 독일의 교사로서 많은 칭찬을 받는다.

그는 루터(Martin Luther)에 의해서 이제까지 살았던 최대의 신학자로 높임을 받았고, 그의 《신학총론(Loci)》은 성경 다음에 오는 것으로 여겨졌다.

그는 개신교의 기본적 신조인 '아우그스부르크 신앙고백서(The Augsburg Confession)'를 작성했고, 또한 신학적으로 예리한 '아우그스부르크 신앙고백서에 대한 변증'에서 이 고백서를 변호한 바, 이 두 문서는 장차 루터파 사상을 상징하게 된다.

---

55) 필립 멜란히톤, 《신학총론(최종판)》, 크리스챤 다이제스트, 2010.10.15. 중쇄 발행, 9p.

그는 28년 동안 루터의 굳건한 동료요 친구였고, 논쟁 등을 수습하고 열매 있는 에큐메니컬적 관계를 수립하려는 노력에서 그는 그 당시의 거의 모든 중요한 종교 회담(colloquy of religion)에 참여했었다.

존 칼빈
(John Calvin, 1509~1564)[56)]

프랑스의 종교개혁자.

12세 때 이미 성직록을 받았으며, 파리 대학에서 수학한(1523~1528) 후 오를레앙 대학과 부르쥐 대학에서 법학을 공부. 1533년 교회를 본래의 순수한 모습으로 회복시키라는 신의 명령을 듣는 체험을 한 후 로마 카톨릭과 결별하였다.

1534년 성직록을 포기하고, 1534년 스위스 바젤에서 불후의 명작인 《기독교 강요》를 집필, 1536년에 출판했다.

같은 해 제네바를 여행하던 중 파렐(G. Farel)의 요청으로 제네바 종교개혁에 참여하였다. 그의 개혁정책이 제네바 의회와 인근 도시국가인 베른의 반감을 사 부득이 독일의 슈트라스부르크로 가서 프랑스인 교회를 맡아 보면서 루터파의 필립 멜란히톤(P. Melanchthon), 부처(M. Bucer)와 교류했다.

독일에 가 있던 3년 동안 로마서 주석을 썼으며, 1541년 시민들의 요청으로 제네바에 귀환한 칼빈은 의회와 교회를 장악하고 이후

56) 존 칼빈, 《칼빈주석 로마서》, 크리스챤 다이제스트, 2013.04.25. 초판 발행, 인물소개

14년 동안 강력한 신정정치(神政政治)를 폈다.

1559년 제네바 아카데미를 설립하여 개혁교회 신학을 정립했으며, 신약과 구약 대부분의 주석을 집필했다. 스코틀랜드의 한 신학자는, 칼빈이 보통 신학자가 500년이 걸려서 할 일을 50년 만에 다 해냈다고 찬탄하였다.

우치무라 간조(內村鑑三, 1861~1930)[57)]

우치무라 간조는 1861년 일본에서 태어나 1930년에 세상을 떠났다. 그러므로 그의 생애는 일본의 개화기에 해당한다.

그는 홋카이도농학교에서 과학과 종교를 통하여 서구문명의 진수에 접하고, 다시 4년에 걸친 미국 유학을 통하여 동서의 문화가 일본이란 지점에서 접촉하는 의의를 깊이 통찰하였다.

우치무라 간조는 젊어서 자연과학자로서의 탁월한 재능을 보였는데, 그는 근세 과학의 방법과 정신을 배움으로 서구의 과학을 문제로 삼았을 뿐 아니라, 동시에 서구의 종교를 자기의 문제로 받아들여, 평생을 통하여 이를 추구하였다.

그리고 그는 과학자로서의 실험적 방법을 기독교의 방법으로 하였다. 그에게 있어서는 기독교의 신앙을 기성의 교리로서 받아들인 것이 아니라 그 생애의 구체적인 사건을 모델로 삼아 실험적으로 이를 체득하였다.

---

57) 우치무라 간조, 《우치무라 간조 전집》, 크리스챤서적, 2001.07.09. 초판 1쇄

우치무라 간조의 생애는 그 생활태도에 있어서 독자적인 깊이를 보여 주고 있다. 더구나 그 강렬한 개성적인 생활태도는 일본의 역사에 커다란 발자취를 남겨 놓았다.

그는 당시 일본의 문화, 정치, 종교, 교육 등 사회 전반에 걸쳐 예언적인 예리한 필치로 그 병폐를 파헤치고 비판하면서 참된 삶의 방향과 일본의 천직을 제시하였다.

우치무라 간조의 신앙과 사상은 오늘 일본에서뿐만 아니라, 세계적으로 연구의 대상이 되고 있으며, 그 방대한 저서는 인간의 생명의 양식으로서, 인류의 신앙의 유산으로서 영원한 가치를 지니고 있다 할 것이다.

구로자끼 고오기찌(黑崎幸吉, 1886~1970)[58]

그는 수재들만이 들어갈 수 있었던 동경제대 법대 정치학과를 졸업, 일본 굴지의 대재벌인 스미토모 회사의 주요 포스트에 승진하여 장래가 튼튼히 보장되었으나, 사랑하는 아내의 죽음을 계기로 하나님의 또렷한 부르심을 듣자 직장을 그만두고 일평생 개인 독립 전도의 험난한 길로 들어섰다.

대학 재학 시에 신앙의 은사 우치무라 간조(내촌감삼) 선생을 알게 되어 평생 그에게 사사하며 성서 연구와 주일 집회 인도에 종사하였다.

그러는 한편, 월간 개인 성서 연구지《영원한 생명》을 40여 년 동안 꾸준히 발간하기도 하였다.

그는 유교적인 엄격한 훈육을 받고 자랐으며 성품은 온후하면서도 냉철하였고, 관대하면서도 강직한 면이 있었다.

그는 진리 탐구에 대한 열정에 늘 충일해 있었으며, 극단을 배제

58) 구로자끼 고오기찌,《살아있는 신앙》, 도서출판 설우사, 1998.12.20. 2판 1쇄, 3p.

하고 중용을 지키며 공평무사하기를 힘썼다.

저서로는 《신약성서주해》 전 10권, 《구약약수》, 《신약성서 어구색인》, 《신약성서 그리스어 문전》, 루터의 《갈라디아서 주해》, CHM의 《창세기 강의》, 힐티의 《종교 논문집》 등 많은 번역서가 있다.

야나이하라 다다오(1893~1961)[59]

일본의 경제학자, 식민정책 연구가, 도쿄대학 총장, 일본 학사원 회원을 지냈다.

식민지하 한국인에 대한 애정과 관심을 평생 견지했다. 대학 졸업 후 "조선에 가서 일본인과 조선인의 고랑을 메우고 싶다", "조선인을 위하여 이 몸을 바치고 싶다"라는 꿈을 안고 한국에서 일하려 하기도 했고, 일제의 한국 식민통치를 비판하며 한국에 자치 의회를 개설할 것을 주장했으며, 1940년 김교신의 초청으로 한국을 방문해 두 달에 걸쳐 전국을 다니며 성서를 강의하면서 국가부흥을 격려하기도 하였다.

〈식민 및 식민 정책〉(박사학위 논문), 〈식민 정책의 새 기조〉, 〈만주 문제〉, 〈민족과 국가〉 같은 학문적 노작들 외에도 다수의 성서 강의와 《그리스도교 입문》, 《우치무라 간조와 함께》와 같은 신앙 서적을 남겼고, 개인 월간지 《가신》을 세상 떠나기 직전까지 발행했다.

《야나이하라 다다오 전집》(전 29권)이 1965년 이와나미 서점에

---

59) 야나이하라 다다오, 《개혁자들》, 포이에마, 2019.04.19. 1판 1쇄 발행, 인물소개 난.

서 간행되었다.

중앙공론사 선정 '근대 일본을 형성한 각계 인사 100인' 중 대지식인 10인에 뽑히기도 하였다.

김교신(金教臣1, 1901~1945)[60)]

김교신은 1901년 함경남도 함흥에서 출생, 한학을 공부하다 함흥보통학교, 함흥농업학교를 거쳐 동경고등사범학교를 졸업했다.

일본 유학 중 무교회주의자 우치무라 간조의 가르침 아래 기독교에 입신하면서 진정한 기독교 신자가 되는 것이 조국을 구하는 길이라는 신념을 갖게 되었다.

귀국과 더불어 양정고등보통학교, 경기중학교 등에서 교사로 재직하면서 1926년부터 월간지 《성서조선》의 간행에 혼신의 힘을 쏟았다. 양정고등보통학교 재직 시에는 1936년 베를린 올림픽 마라톤 대회의 우승자인 손기정 선수의 스승이기도 했다.

하지만 1942년 3월호(제158호)에 실린 권두언 '조와(개구리의 죽음을 슬퍼함)'가 민족혼을 찬양했다는 혐의로 '성서조선'은 폐간되고, 신앙 동지들과 함께 서대문형무소에서 1년 동안 옥고를 치르게 되는데, 이것이 이른바 '성서조선 사건'이다.

60) 노평구, 《김교신 전집》, 부키, 2001.

출옥 후에는 흥남질소비료공장에서 5천여 조선인 노동자의 복지를 위해 진력하다 발진티푸스에 감염되어 광복을 불과 넉 달 앞둔 1945년 4월 25일 타계했다.

F. F. 부르스(F. F. Bruce, 1910~1990)[61)]

F.F.브루스는 세계적인 신학자이다. 그는 1910년 스코틀랜드의 엘긴(Elgin)에서 7남매의 맏아들로 태어났다.

그는 애버딘, 케임브리지, 비엔나대학에서 신학 박사(D.D) 학위를 획득했으며, 1959년 이래로 영국 맨체스터대학에서 성경비평학과 주경학 교수로 봉직하고 있으며, 에딘버러대학과 리드(Leeds)대학에서 헬라어를, 쉐필드대학에서 성경 역사와 문헌을 강의하였다.

또한 그의 주거지인 벅스톤과 맨체스터 사이에 있는 스톡포트(Stockport)에서 브리닝톤(Brinington) 복음주의 교회를 받들었고, 1957년 이래로 《팔레스타인 탐구지》의 편집인으로 수고하였으며 많은 잡지에 기고도 하였다.

그의 성품은 모나지 않고, 티 없이 맑으며, 다른 사람의 입장을 충분히 이해해 주는 방향으로 나아가되, 결코 그의 약점을 간과하지 않고 정중하게 들추어냈다.

---

61) F.F. 부르스, 《신약사》, 기독교문서선교회, 1999.06.30., 5, 6p.

그는 전형적인 영국 신사이며 중생한 그리스도인이다.

그의 신앙은 복음주의적인 것으로, 은혜로 말미암은 구원은 행위가 아닌 믿음에 의하여 얻는다고 주장하였고, 특히 복음주의자들은 성경의 권위를 높게 평가해야 한다는 것을 강조했다.

그의 학문하는 자세는 하나님의 영광을 위해서였다.

그는 1990년에 하나님의 부르심을 받았으나 그의 저서들은 계속 살아 있는 작품으로 남아 있다.

노평구(盧平久, 1912~2003)[62)]

노평구는 1912년 함경북도 경성 어랑에서 태어났다. 1929년 배재중학교 3학년 때 광주학생운동에 참여했다가 일제에 체포되어 1년간 옥고를 치렀다.

출감 후 빈민촌에서 빈민 아동 교육을 하던 중 내면적인 갈등과 종교적인 번민에 휩싸여 김교신 선생을 찾아 한동안 신앙 지도를 받다가 1936년 선생의 권유로 일본에 건너가 우치무라 간조의 제자인 쓰카모토 도라지 선생으로부터 10년간 성서를 배웠다.

1946년부터 월간 《성서연구》를 창간, 제500호(1999년 12월)까지 발간했다. 같은 기간 서울 종로 YMCA에서 매 주일 성서 집회를 주관하는 동시에 일제에 의해 거의 멸실되다시피 했던 김교신의 《성서조선》 158권 전권을 수집·정리하여 편집하는 등, 10여 년의 걸친 각고의 노력을 기울인 끝에 1975년 《김교신 전집》을 완간했다.

1998년 그의 월간지 《성서연구》를 집대성한 《노평구 전집》이 발간되었다.

---

62) 노평구, 《노평구 전집》, 풀무학원부설 시골문화사, 1998.09.20.